kurz gefasst Deutsch

Literatur der Romantik

Udo Müller

Ernst Klett Verlag
Stuttgart · Leipzig

kurz gefasst Deutsch
Literatur der Romantik
von Udo Müller

1. Auflage 1 5 4 3 2 1 | 2011 10 09 08 07

Alle Drucke dieser Auflage sind unverändert und können im Unterricht nebeneinander verwendet werden. Die letzte Zahl bezeichnet das Jahr des Druckes.

Internetadresse: www.klett.de

Redaktion: Ursula Schwarz
Herstellung: Sandra Schneider

Umschlagfoto: Corbis (Atlantide Phototravel/Massimo Borchi), Düsseldorf.

Satz: Markus Schmitz, Münster
Druck: W. Wirtz, Speyer

Printed in Germany
ISBN 978-3-12-320212-4

9 783123 202124

Inhalt

1 Romantik: Wort – Begriff – Wesenszüge 4

2 Literarische Romantik in Deutschland 8

3 Romantik als internationale Erscheinung 13

4 Romantik in Kunst und Musik 16

5 Romantische Programme 20

6 Romantische Schreibweisen 23

7 Lyrik der Romantik 26

8 Die Entdeckung der Volksliteratur 30

9 Prosa der Romantik 35

9.1 Novalis: *Heinrich von Ofterdingen* (1802) – Verklärtes Mittelalter 35
9.2 Ludwig Tieck: *Der Runenberg* (1802) – Sog des Unterirdischen 37
9.3 E.T.A. Hoffmann: *Der goldne Topf* (1814) – Fantasiewelt im Alltag 41
9.4 E.T.A. Hoffmann: *Der Sandmann* (1817) – Bedrohung aus dem Ich 45
9.5 Joseph von Eichendorff: *Das Marmorbild* (1819) – Heidnische Dämonie 48
9.6 Joseph von Eichendorff: *Aus dem Leben eines Taugenichts* (1826) – Wanderlust 50

10 Überwindung der Romantik – Heinrich Heine: *Buch der Lieder* (1827) 53

11 Rezeption und Fortwirken der Romantik 56

12 Porträts romantischer Künstler 58

13 Checkliste Romantik: Grundkenntnisse im Überblick 62

Text- und Bildquellenverzeichnis 64

1 Romantik: Wort – Begriff – Wesenszüge

1.1 Das Wort *romantisch / Romantik*

Herkunft

Das Wort *romantisch* kommt im Deutschen seit dem 17. Jahrhundert als Entlehnung aus dem Französischen vor. Das altfranzösische Wort *romanz* meint eine der im Mittelalter beliebten abenteuerlichen Ritterdichtungen, die in der romanischen Volkssprache und nicht in Latein verfasst waren. Der Gattungsbegriff *Roman* ist gleichfalls daraus entstanden. Das Adjektiv *romantisch* bedeutet im 18. Jahrhundert so viel wie „schwärmerisch, fantastisch, geheimnisvoll, düster, unvernünftig, verworren", wobei negative Wertungen mitschwingen.

Gebrauch

Das Substantiv *Romantik* als Bezeichnung für eine literarische und allgemein kulturelle Richtung kommt erst um 1800 mit deren Entstehen auf. Bis heute ist besonders das Adjektiv *romantisch* in der Umgangssprache weithin üblich; sein Bedeutungsgehalt hat sich aber fast ganz in vage Vorstellungen von Gefühlsseligkeit aufgelöst und ist kommerzieller Trivialisierung unterworfen. Manchmal wird dabei das, was *romantisch* eigentlich heißt, geradezu ins Gegenteil verkehrt, wenn etwa gemütlich-geborgene Szenerien so bezeichnet werden – für die echte Romantik ist gerade der Schauder des Unheimlichen, nicht Auslotbaren kennzeichnend!

1.2 Der Begriff *Romantik*

Dauer und Einordnung

Die Romantik entstand in Deutschland in den Jahren kurz vor 1800 und dauerte etwa bis 1835. Sie verstand sich als Bewegung gegen den Rationalismus der Aufklärung, weniger gegen die Weimarer Klassiker Goethe und Schiller, zu denen sie gleichwohl in Gegensatz geriet, weil sie das von ihnen entwickelte strenge Formideal als zu eng empfand. Die Romantiker entwickelten dagegen eine stark auf das Subjekt bezogene Denkweise und, dem entsprechend, spielerische und fantasiebestimmte, häufig auch – weil die betonte Subjektivität ja notwendig zu schmerzhaften Konfrontationen mit der Außenwelt führen muss – ironisch gebrochene und sich selbst in Frage stellende Gestaltungsformen.

Kult des Geheimnisvollen

Dabei wendeten sich die Romantiker zurück zu der Welt des Mittelalters mit ihren vorrationalen, aus alten Überlieferungen gespeisten Vorstellungen, zur Volksdichtung als Verkörperung des Märchenhaft-Poetischen und auch zum christlichen Glauben. Bezeichnend sind die „Ahndung" des Unendlichen und eine dem entsprechende Haltung der Sehnsucht. Die Romantiker zeigten sich fasziniert durch die Schichten des Menschlichen, die dem Vernunftdenken der Aufklärung verborgen blieben, und haben das überkommene Menschenbild erweitert durch die Gestaltung des Unheimlichen und Unbewussten. Dies führte bis zu einem ausgesprochenen Kult des Nächtigen und Geheimnisvollen, der Träume und des Unterirdischen. Die damit erschlossene neue Ausdruckswelt – in England schon vorbereitet durch „vorromantische" Dichter wie Edward Young, Thomas Gray und James Macpherson, den Schöpfer der vorgeblichen Ossian-Dichtungen – fand rasch

Nationale Prägung

ein überwältigendes Echo in allen europäischen Ländern und bis hin nach Amerika. Romantik wurde im frühen 19. Jahrhundert zur internationalen Mode. In vielen Ländern wurde der klassizistische Kult des Einfachen, Monumentalen und allgemeingültig Modellhaften abgelöst durch eine vielfältige, je nach Kulturkreis und nationalen Traditionen verschieden nuancierte, häufig folkloristisch instrumentierte oder doch abgetönte Farbigkeit. Das prägt die Literatur, mehr noch die Malerei und am stärksten die Musik, auch zeitlich am längsten, nämlich bis ins beginnende 20. Jahrhundert hinein. Eine „Schottische Sinfonie" mit ihren vom Landschaftserlebnis bestimmten Klangfarben, wie sie Mendelssohn schrieb, wäre in der klassischen Musik Mozarts und Beethovens undenkbar.

Künstler als Leitfigur

Leitfigur der Romantik war der Künstler, der in seinen Werken die „wahre" Welt hinter der greifbaren Realität erfühlen und ausdrücken kann. Weil diese Aufgabe – die Gestaltung des Unendlichen – prinzipiell unlösbar ist, erscheint der Künstler meist von Unheil oder Wahnsinn bedroht und kann seine Ahnungen nur in ironischer Brechung aufzeigen. Die lange Reihe der problematischen und exzentrischen Künstler, die als Außenseiterfiguren am Rand der Gesellschaft und im Konflikt mit ihr leben, beginnt – nach Goethes *Torquato Tasso*, 1790 – in der Romantik (E.T.A. Hoffmanns Figur des Kapellmeisters Johannes Kreisler in *Kreisleriana*, 1814, ist dafür repräsentativ) und setzt sich im Biedermeier und im bürgerlichen Realismus fort (Mörikes *Maler Nolten*, 1832; Grillparzers *Der arme Spielmann*, 1848; W. Buschs *Maler Klecksel* von 1884 als parodistischer Nachklang).

1.3 Romantik und literarische Gattungen

Vorliebe für offene Gattungen

Die literarischen Gattungen sind als Formen für die beabsichtigte Gestaltung des Unendlichen nur bedingt brauchbar, weil sie ja alle die Welt in einer jeweils vorgegebenen Perspektive zeigen, die Tragödie etwa als Schauplatz des heroisch sich selbst überwindenden Menschen, die Komödie unter dem Blickpunkt der alltäglichen Lebenspragmatik usw. Bevorzugt wurden in der Romantik daher die offenen und flexibelsten unter den überkommenen Gattungen, so besonders das Märchen, die Erzählung (weniger die streng gebaute Novelle!), der gattungsmäßig nicht streng definierte und daher für viele Abwandlungen zugängliche Roman, ganz besonders aber die schwebende und äußerst wandlungsfähige Ausdrucksform der Lyrik (hier wieder besonders das Lied und die Ballade, weniger die strengen Formen wie etwa das Sonett). Das Drama mit seinem Zwang zu ausgeprägten Bauformen wurde von den Romantikern weniger gepflegt.

Fragment und Vermischung der Gattungen

Weil aber die Botschaft der Romantiker eigentlich das Unendliche meint und den Menschen daher nie ganz vermittelbar ist, bleibt konsequenterweise die nicht abgeschlossene Dichtung, das Fragment, die eigentlich gemäße Form. Viele romantische Werke blieben auch in der Tat unvollendet, andere wurden gleich als „Bruchstücke" konzipiert. Aber auch ein anderer Weg wurde in der Romantik beschritten – die Vermischung der Gattungen. Gedichte werden an affektiven Höhepunkten in Erzählungen und Romane eingestreut, „dramatische" Dialoge und theoretische Abschweifungen kommen ebenso vor wie die lyrische Aufladung der Prosasprache und Mischformen aus Vers und Prosa.

Die Scheidung der einzelnen Welt- und daher auch Ausdrucksbereiche, ja sogar der verschiedenen Künste widerstrebt dem ganzheitlichen Denken der Romantik, das auf das Unendliche gerichtet ist und alle Bereiche der Welt zueinander in Beziehung setzt. Mit den Worten A. W. Schlegels:

„Die antike Kunst und Poesie geht auf strenge Sonderung des Ungleichartigen, die romantische gefällt sich in unauflöslichen Mischungen; alle Entgegengesetzten, Natur und Kunst, Poesie und Prosa, Ernst und Scherz, Erinnerung und Ahnung, Geistigkeit und Sinnlichkeit, das Irdische und Göttliche, Leben und Tod, verschmilzt sie auf das innigste miteinander. (...) (Sie) ist der Ausdruck des geheimen Zuges zu dem immerfort nach neuen und wundervollen Geburten ringenden Chaos, welches unter der geordneten Schöpfung, ja in ihrem Schoße sich verbirgt: der beseelende Geist der ursprünglichen Liebe schwebt hier von neuem über den Wassern." (Vorlesungen über dramatische Kunst und Literatur, 1809/25. Vorlesung)

Gesamtkunstwerk

Überwunden wird die traditionelle Scheidung der verschiedenen Ausdrucksbereiche am konsequentesten – und hier setzt eine der folgenreichsten romantischen Ideen an – in einem „Gesamtkunstwerk", das die Ausdrucksmittel der einzelnen Künste, der Sprachkunst, der Musik, der Malerei, der Pantomime und des Tanzes in einem ganzheitlichen Werk aufhebt. Darüber hinaus sind viele Autoren der Romantik in mehreren künstlerischen Bereichen tätig: E. T. A. Hoffmann war nicht nur Schriftsteller, sondern auch Musiker und Maler, Richard Wagner schrieb selbst die Texte seiner Musikdramen (*Die Meistersinger von Nürnberg* gelten auch ohne Musik als eine der besten deutschen Komödien), Robert Schumann und Hector Berlioz waren nicht nur Komponisten, sondern auch begabte Schriftsteller.

1.4 Wesenszüge der Romantik

Mittelalterkult

Zu den wesentlichen Tendenzen der Romantik gehört der Rückgriff auf Stoffe und Themen des Mittelalters, wobei unter Mittelalter oft auch die Zeit um 1500 verstanden wird; Einsiedler, Mönche und Sagenfiguren, Künstler, Maler und Musiker sowie kunstbegeisterte und -empfängliche Studenten treiben ihr Wesen, dunkle Wälder, Berge und Klüfte, altertümliche Städte (etwa das Nürnberg Dürers als Stadt der Sehnsucht) und unwegsame Landschaften werden beschworen.

Interesse am Unbewussten

Die Romantik richtet ihr Interesse auf das Unbewusste und Abgründige, sieht die Gefährdung des „poetischen Gemüts" durch Absonderung von der Bürgerwelt und Wahnsinn; Zielpunkt vieler ihrer Figuren ist das Eingehen in eine jenseitige, je nachdem höhere oder tiefere Welt. Heinrich in Novalis' *Heinrich von Ofterdingen*, der Jäger Christian in Tiecks *Der Runenberg*, der Student Anselmus in Hoffmanns *Der goldne Topf*, Nathanael in *Der Sandmann* und Florio in Eichendorffs *Das Marmorbild* sind insofern exemplarische Figuren der Romantik.

Romantische Motive

Zu den typischen Motiven gehören Begegnungen mit Figuren der Vergangenheit, das Auftreten von Doppelgängern, das Lebendigwerden von Gegenständen, die Verwischung der Grenzen von Mensch und Tier. Es ereignen sich geheimnisvolle und fantastische Vorfälle und Handlungen, die nicht vernünftig erklärbar sind; andererseits bleibt die Gegenwelt des Vernünftigen und „Normalen“ meist auch präsent. Das Gegeneinander dieser beiden Welten strukturiert viele romantische Erzählwerke, deren Geschehen dabei in charakteristischen sprunghaften Wechselfällen verläuft.

Groteske und skurrile Züge der künstlerischen Gestaltungsweise (man denke etwa an die Punschszene in *Der goldne Topf*, in der es haarsträubend hergeht!) werden gesucht und sind Ausdruck der spielerischen Subjektivität und ironischen Brechung, die der romantischen Schreibweise zugrunde liegt.

Romantik in den Wissenschaften

Auch dies gehört jedoch zum Bild der Romantik: Es wäre eine unzulässige Vereinfachung, in ihr nur eine gefühlsselige und auf irreale Fantasiewelten gerichtete Bewegung zu sehen. Vielmehr hat sie durch ihren ganzheitlich spekulativen Zugriff auf die Welt zahlreiche Wissenschaften beeinflusst und geprägt. Die Germanistik wurde durch das romantische Interesse an den älteren Literaturdenkmälern und Sprachstufen überhaupt erst geschaffen. Es gibt aber auch, ausgehend von der Naturphilosophie, eine romantische Biologie (Lorenz Oken), Physik (Johann Wilhelm Ritter) und Medizin (Carl Gustav Carus); selbst die Nationalökonomie (Adam Müller) verdankt der Romantik wichtige Impulse. Charakteristisch ist auch, dass damals die einzelnen Wissenschaften, besonders die Naturwissenschaften, noch stark zusammenhängend gesehen wurden und weniger in Spezialdisziplinen ausgefächert.

Die Romantik ist einerseits weniger als eine literarische Epoche, weil ihr nur ein Teil der literarisch und künstlerisch aktiven und bedeutenden Zeitgenossen zugehören, während andere sich ihr widersetzen (z. B. Goethe) oder nur in einzelnen Positionen nahe stehen (Jean Paul, Kleist, Hölderlin).
Andererseits ist sie viel mehr als eine literarische Epoche, nämlich ein umfassender Lebensentwurf und ein außerordentlich komplexes kulturgeschichtliches Phänomen, das bis ins Lebensgefühl der Gegenwart mächtig fortwirkt.

2 Literarische Romantik in Deutschland

2.1 Literarische Abgrenzung und Anknüpfung

Die literarische Romantik entstand – wie jede geistig-ästhetische Strömung – einerseits aus der Abgrenzung gegen eine vorherrschende Richtung, andererseits aus dem Rückgriff auf ältere Traditionen, an die man anknüpfen wollte.

Abgrenzung zur Aufklärung

Abgrenzen wollte man sich vor allem von der Aufklärung: Sie hatte als dominierende Geistesrichtung des 18. Jahrhunderts um 1800 eine Phase erreicht, in der die Durchsetzungskraft des Vernünftigen gegen überlebte Traditionen und der bahnbrechende Elan des kritischen Denkens schon zurücklag und vielfach einer pedantisch lehrhaften, trockenen und prosaischen Betrachtung der Welt gewichen war: statt der emanzipatorischen Klarheit eines Kant und der kämpferischen Dynamik der französischen Enzyklopädisten die papierene Systematik und Lehrhaftigkeit von Autoren wie Gellert oder Brockes. Für die werdenden Romantiker stellte es sich so dar, dass der Kampf gegen den Aberglauben und die von der Vernunft nicht legitimierten Denkweisen schließlich alles Geheimnis und alles Poetische aus der Welt vertrieben hatte zugunsten platter Nutzanwendungen. Eines der zentralen Gedichte der Romantik – Novalis hat es im Sommer 1800 niedergeschrieben – drückt die Situation, in der sich die Romantiker sahen, programmatisch aus:

NOVALIS: *[Wenn nicht mehr Zahlen und Figuren]*

Wenn nicht mehr Zahlen und Figuren
Sind Schlüssel aller Kreaturen
Wenn die so singen, oder küssen,
Mehr als die Tiefgelehrten wissen,
Wenn sich die Welt ins freie Leben
Und in die Welt wird zurückbegeben;
Wenn dann sich wieder Licht und Schatten
Zu echter Klarheit wieder gatten,
Und man in Märchen und Gedichten
Erkennt die wahren Weltgeschichten,
Dann fliegt vor Einem geheimen Wort
Das ganze verkehrte Wesen fort. ▲

Naturbegriff

Für die Aufklärung war beispielsweise Natur vor allem als die „schöne Natur" wertvoll, d. h. ohne ihre rational nicht auslotbaren, chaotischen Züge. In der Aufklärung gibt es aber sehr wohl auch irrationalistische Tendenzen, etwa bei Jean-Jacques Rousseau, der deshalb in Deutschland auch zum Vorbild des Sturm und Drang wurde. Und es gab neben den wohlgeordneten, ganz auf Regelmäßigkeit und Überschaubarkeit angelegten „Französischen Gärten" auch die „Englischen Gärten", die es kunstvoll auf Wirkungen des scheinbar Ungeordneten, des gewollt Irregulären und auf überraschende Verschleierungen und Durchblicke absehen. Das Bild wurde in der Spätphase der Aufklärung aber stark von den Publikationen einer rezepthaften „Volksaufklärung" bestimmt, Bücher etwa wie Rudolf Zacharias Beckers

Noth- und Hülfsbüchlein oder lehrreiche Freuden- und Trauergeschichte der Einwohner von Mildheim (1788), das bis 1811 die phänomenale Auflage von einer Million erreichte.

Herder als Vorgänger

Auf der Suche nach poetischen Gegenwelten zu solch prosaischen Lebensanweisungen fanden die Romantiker Vorgänger. Ein besonders wichtiger ist Johann Gottfried Herder (1744–1803). Herder hatte die Verengungen des aufklärerischen Weltbilds in vielen Bereichen überwunden. Für die Romantiker bedeutsam wurde jedoch sein geschichtsphilosophischer Ansatz, der die aufklärerischen Positionen – Geschichte als Fortschritt, weg von traditionsbestimmten Vorurteilen, hin zu vernunftgesteuerten Urteilen – überwindet. Geschichte stellt sich für Herder (in seinen Hauptwerken *Auch eine Philosophie der Geschichte zur Bildung der Menschheit*, 1774, und *Ideen zur Philosophie der Geschichte der Menschheit*, 1784–1791), als ein zyklisch-organisches Aufblühen und Vergehen der Völker und Kulturen dar, die folglich niemals als bloße Vorstufe angesehen werden können, sondern jeweils eigenes Gewicht haben und darum eigenes Interesse verdienen. In diesem Sinn sammelte Herders auch die – von der Aufklärung als Produkte eines voraufgeklärten Aberglaubens missachteten – Volkslieder und Volksballaden der verschiedenen Nationen, übersetzte sie und gab sie 1778 als *Stimmen der Völker in Liedern* heraus. Hier fanden die Romantiker ein Vorbild.

Verhältnis zu den Klassikern

Komplizierter ist dagegen das Verhältnis zu den Klassikern Goethe und Schiller, und zwar von beiden Seiten. Goethe lehnte die Romantik nach anfänglich wohlwollender Zustimmung ab, weil die romantischen Fantasiespiele für sein Bedürfnis nach geprägter Form zu willkürlich erschienen. Dagegen haben Tieck und Novalis Goethes Bildungsroman *Wilhelm Meisters Lehrjahre* (1795/96) begeistert begrüßt und zunächst, ausgehend von Meisters Aufbruch in die Künstlerexistenz und auch von der geheimnisvollen Aura von Figuren wie Mignon und dem Harfner, als ein exemplarisch *romantisches* Buch empfunden. Als aber der zweite Teil erschien, in dem der Romanheld sich von allen Freigeistereien ab- und einem verantwortlichen bürgerlichen Lebensgang zuwendet, war die Ernüchterung groß. Novalis artikuliert das in seinen *Neuen Fragmenten*:

„Es ist im Grunde ein fatales und albernes Buch – so pretentiös und pretiös – undichterisch im höchsten Grade, was den Geist betrifft – so poetisch auch die Darstellung ist. (…) Das Romantische geht darin zugrunde – auch die Naturpoesie, das Wunderbare. (…) Es ist eine poetisierte bürgerliche und häusliche Geschichte. Das Wunderbare darin wird ausdrücklich als Poesie und Schwärmerei behandelt." (Neue Fragmente 1799/1800)

2.2 Zeitgeschichtlicher Hintergrund

Rückständige Gesellschaft

Eine große Rolle für die Entstehung der Romantik spielten die zeitgeschichtlichen Umstände. Gegen Ende des 18. Jahrhunderts bestand in Deutschland noch eine ständisch gegliederte, in Gutsherrschaften des Kleinadels vorwiegend agrarisch geprägte Gesellschaft. Die Aufteilung in Kleinstaaten mit ihren Zollschranken hatte nur eine zögernde Modernisierung zugelassen. Mit ihren Freiheits- und

Gleichheitsparolen hatte die Französische Revolution diese Gesellschaft schwer erschüttert. Die zunächst siegreichen Kriege Napoleons setzten sie zusätzlich unter gewaltigen Druck. Im „Rheinbund" begaben sich 16 deutsche Staaten in die Gefolgschaft der Franzosen und im selben Jahr 1806 wurde das „Heilige römische Reich deutscher Nation" für beendet erklärt – ein verstörendes Ereignis für die Zeitgenossen! Preußen antwortete nun auf die kritische Situation mit entschlossenen Reformen, die die Minister Stein und Hardenberg ab 1807 verwirklichten: Die Verwaltung wurde modernisiert, Territorialrechte und ständische Privilegien wurden abgeschafft, Gewerbefreiheit und Selbstverwaltung der Städte eingeführt. Die Bauern lösten sich aus der Abhängigkeit von den Gutsherren (Wohnsitz, Beruf, Heirat), und nach der Heeresreform konnten auch Bürgerliche Offiziere werden und wurde die allgemeine Wehrpflicht eingeführt. In den Freiheitskriegen gegen Napoleon entstand dann ein Nationalbewusstsein, das zu einer Besinnung auf die eigene Vergangenheit führten musste. Dagegen blieb die Industrialisierung in Deutschland noch in den Anfängen; erst 1812 entstand Krupps erste Gussstahlfabrik und 1835 die erste deutsche Eisenbahn. Auch politisch gab es Rückschritte zu obrigkeitlichen Zuständen; die repressiven „Karlsbader Beschlüsse" (1819) setzten freiheitlichen Regungen die Zensur und die „Demagogenverfolgung" entgegen, schränkten die kritisch-liberalen und wissenschaftlichen Freiheiten der Öffentlichkeit ein und reduzierten den Staatsbürger wieder zum Untertan.

Reformen in Preußen

Politische Repression

Wirklichkeitsflucht

Die Romantik lässt sich zum Teil verstehen als Reaktion auf die chaotischen, alle überkommenen Lebensformen in Frage stellenden Erschütterungen der Zeit um 1800. Ihre Autoren, oft selbst aus dem entmachteten Kleinadel stammend (Eichendorff!), verarbeiten die Erschütterungen ihrer Welt durch die Rückwendung auf eine Innerlichkeit, die von den Werten einer verlorenen Vergangenheit geprägt ist. Die Formel „die goldene Zeit", die einen heilen, aber verlorenen früheren Weltzustand meint, findet sich in romantischen Werken immer wieder. Und E.T.A. Hoffmann, der mitten in den Kriegswirren im von konkreten Kampfhandlungen bedrohten Dresden an seinem Märchen *Der goldne Topf* arbeitet, schreibt am 19. August 1813 an den Verleger Kunz:

„... in keiner als in dieser düstern verhängnisvollen Zeit, wo man seine Existenz von Tag zu Tag fristet und ihrer froh wird, hat mich das Schreiben so angesprochen – es ist, als schlösse sich mir ein wunderbares Reich auf, das, aus meinem Innern hervorgehend und sich gestaltend, mich dem Drange des Äußern entrückte."

Kritik an der Wirklichkeit

Weit gefehlt wäre es aber, Romantik pauschal als Ausdruck einer Flucht aus der Wirklichkeit zu verstehen! Derselbe Hoffmann stellt in seinem Werk den bürgerlichen Alltag durchgehend in scharfer ironischer Sicht dar. Später als Richter in Berlin in die Demagogenverfolgung einbezogen, verhält er sich ausgesprochen mutig im Sinn einer Wahrung der Rechtsstaatlichkeit und fügt seinem Märchen *Meister Floh* (erschienen im Todesjahr 1822) eine scharfe Satire gegen obrigkeitliche Schnüffelei ein. Bei ihm wie bei anderen Autoren tritt also das „wunderbare Reich" der inneren Welt nicht an die Stelle der realen Welt, sondern wird mit ihr konfrontiert, um sie kritisch zu relativieren.

2.3 Entwicklung der Romantik in Deutschland

Eine gängige, aber grobe Einteilung der deutschen Romantik in ihre verschiedenen Phasen, die allerdings zahlreiche Querbeziehungen und Nebenzentren auslässt, hat sich in der literaturgeschichtlichen Forschung seit langer Zeit durchgesetzt:

Phasen der Romantik

Phase	Zentren	Wichtigste Autoren
Frühromantik (1795–1804)	Jena	Novalis (1772–1801) F.W.J. Schelling (1775–1854) August Wilhelm Schlegel (1767–1845) Friedrich Schlegel (1772–1829) Ludwig Tieck (1773–1853) Wilhelm Heinrich Wackenroder (1773–1798)
Hochromantik (1804–1818)	Heidelberg	Ludwig Achim von Arnim (1781–1831) Clemens Brentano (1778–1842) Joseph von Eichendorff (1788–1857) Joseph Görres (1776–1848) Jacob Grimm (1785–1863) Wilhelm Grimm (1786–1859) Karoline von Günderode (1780–1806)
Spätromantik (1816–1835)	Berlin	Bettina von Arnim (1785–1859) Adalbert von Chamisso (1781–1838) Johann Gottlieb Fichte (1762–1814) E.T.A. Hoffmann (1776–1822) Friedrich de la Motte-Fouqué (1777–1843) Ludwig Tieck (1773–1853) Rahel Varnhagen von Ense (1771–1833)

Als die ersten Texte, die deutlich von romantischem Geist geprägt sind, gelten die *Herzensergießungen eines kunstliebenden Klosterbruders* (1797) des früh verstorbenen Wilhelm Wackenroder und Ludwig Tiecks Roman *Franz Sternbalds Wanderungen* (1798). Das Thema des ungezügelten Kunstenthusiasmus, der alle anderen Lebensbereiche zum Verblassen bringt, klingt hier zuerst auf. Zugleich sind typisch romantische Motive hier schon präsent: Verehrung des Altdeutschen, Faszination durch das Nächtige, sehnsuchtsvolles Erwandern der Welt. Auch die romantischen Schreibweisen – Verseinlagen und Synästhesien etwa – klingen hier schon auf. Die eigentliche Entwicklung der frühromantischen Literatur beginnt dann mit der Bildung des Kreises von Gleichgesinnten, in dem sich Friedrich und August Wilhelm Schlegel, Novalis und Schelling in Jena zusammenfinden. Auch Dorothea Veith und Caroline Böhmer (beide später mit wechselnden Liebes- und Lebenspartnern aus dem Kreis der Romantiker) gehören dem Kreis an.

Autorinnen der Romantik

Autorin	Werke
Bettina von Arnim (1785–1859)	*Die Günderode* (Briefroman 1840)
Karoline von Günderode (1780–1806)	Gedichte und Fantasien (1804)
Sophie Mereau (1770–1806)	Gedichte (1800–1802)
Dorothea Schlegel (1763–1839)	*Florentin* (Roman 1801)
Rahel Varnhagen von Ense (1772–1839)	Briefe, Tagebücher, Aphorismen (postum erschienen)

Geselligkeits-kultur (Salons)

So beginnt schon in der Frühromantik, was sich später in Heidelberg und Berlin fortsetzen wird: Gegenüber früheren literarischen Epochen treten in der Romantik ein ganze Reihe von schreibenden oder doch das romantische Lebenskonzept mittragenden Frauen hervor. Es entstand in der Zeit der Romantik eine ausgesprochenen Geselligkeitskultur, in Jena als Lebensform einer Gruppe von Künstlern und Denkern, später dann in Berlin, wo die romantische Strömung das Bildungsbürgertum und selbst den preußischen Hof erreicht, mit der Einrichtung von *Salons*, in denen geistreiche Damen der Gesellschaft mit einem beachtlichen Kreis von Gästen das kultivierte Gespräch über geistige und künstlerische Entwicklungen pflegen. Teil und geradezu Kern dieser urbanen Geselligkeitskultur sind Frauen wie Rahel Varnhagen von Ense oder Henriette Herz, in deren Salons selbst der Kronprinz verkehrte. Für die meisten Romantiker spielte – mit dieser Geselligkeitskultur verbunden – der *Brief* als literarisches Ausdrucksmittel und Dokument z.B. von Künstlerfreundschaften (etwa bei Arnim und Brentano) eine große Rolle.

Gerade auch den Frauen der romantischen Bewegung wie Caroline Schlegel-Schelling oder Rahel Varnhagen von Ense haben wir herausragende Zeugnisse der Briefkultur zu danken. Insbesondere die Erstere kultivierte einen überaus natürlich wirkenden, dem Salongeplauder nachempfundenen Briefstil, in dem sich Erlebtes und Erfahrenes mit Reflexionen und gesellschaftlichem Klatsch auf das Schönste und Unterhaltsamste verbinden.

Die Tendenzen der Romantik treten in jeder ihrer Phasen in verschiedener Akzentuierung hervor: Die stark philosophisch geprägte Jenaer Frühromantik entwickelte grundlegende Theorien der Romantik, die Heidelberger Romantiker richteten ihr Interesse besonders auf Volksleben und Volkspoesie, in Berlin kam es zu weltoffenen, auch das Politische mit einbeziehenden Diskussionszirkeln.
Gerade diese Vielsträngigkeit (zum Teil auch geradezu Widersprüchlichkeit) gehört zum Bild. Deshalb entzieht sich die Romantik auch im Grund einer bündigen Definition.

3 Romantik als internationale Erscheinung

Die internationale Wirkung der deutschen Romantik – vorbereitet durch die englischen Vorromantiker, aber auch durch irrationalistische Strömungen unter der Vernunftfassade der europäischen Aufklärung – setzte früh ein und war umso intensiver, da es um eine allgemein kulturelle Bewegung ging, die all die verschiedenen Denkweisen, viele Künste und das ganze Lebensgefühl der Zeit ergriff.

Vermittler der Romantik

Zum Wesen der Romantik gehörte eine ungeheure Neugier, die – Herders Erbe! – jenseits der gängigen Wahrheiten in die historische Tiefe griff, aber auch in die Breite des Erfahrungsschatzes der verschiedenen Völker, von dort vieles aufnahm, aber auch die eigenen Auffassungen streute. Dazu brauchte es *Vermittler*: Personen, die die neuen romantischen Denkweisen in Deutschland aufnahmen und weitertrugen. Eine der bedeutendsten Vermittlerinnen ist Madame (Germaine) de Staël (1766–1817), die in ihrem einflussreichen Werk *De l'Allemagne* (1813) halb Europa, vor allem aber der französischen Geisteswelt ein verklärtes Bild des romantisch gesehenen Deutschland vermittelte. Ihr zeitweiliger Reisebegleiter und literarischer Ratgeber war August Wilhelm Schlegel, der seinerseits in seinen programmatischen Schriften romantisches Gedankengut propagierte. Auch die skandinavischen Länder wurden früh mit dem romantischen Denken vertraut, wobei hier der norwegische Naturwissenschaftler Henrik Steffens (1773–1845), der lange in Deutschland lebte und lehrte, die Mittlerfigur war.

Skandinavien

England und Schottland

Eine intensive romantische Strömung entstand in England. Zu einer in ganz Europa legendären Figur (vor allem nach seinem Tod im griechischen Freiheitskampf) und zum Gestalter weltschmerzlicher Zerrissenheit wurde George Gordon Noël Lord Byron (1788–1824) durch Versdichtungen wie *Childe Harold's Pilgrimage* (1812–1818) und die Menschheitssatire *Don Juan* (1819–1824). Weitere Autoren von internationaler Wirkung waren die Lyriker Samuel Taylor Coleridge (1772–1834) und William Wordsworth (1770–1850), deren gemeinsame Balladensammlung *Lyrical Ballads* (1798) am Beginn der englischen Romantik stand, ferner die früh verstorbenen John Keats (1795–1821) und Percy Bysshe Shelley (1792–1822), auch Thomas De Quincey (1785–1859), der makabre und exzentrische Themen pflegte und durch *Bekenntnisse eines Opiumessers* auffiel. Ein eigenartiger, schwer zugänglicher Autor am Rand war William Blake (1757–1827), der als eine der romantischen Doppelbegabungen seine mythisch-spekulativen Werke selbst illustrierte. Am erfolgreichsten wurden aber die historisierenden Romane von Sir Walter Scott (1771–1832), die Bilder der englischen und schottischen Vergangenheit entwarfen und damit die Romanliteratur in ganz Europa beeinflussten.

Frankreich

In Frankreich, dem Land der *clarté* und einer seit Descartes und der Klassik des 17. Jahrhunderts dominanten rationalistischen Tradition, hatte es die Romantik schwerer. Der entscheidende theoretische Impuls kam von Victor Hugo, der in der *Préface de Cromwell* (1827), dem programmatischen Vorwort zu einem eher langweiligen Drama, antiklassische Forderungen aufstellte wie die Vermischung des Erhabenen und des Grotesken, des Schönen und des Hässlichen. Neben Hugos eigenen

Dramen, die heute fast vergessen sind, prägten die geistreichen Schauspiele von Alfred de Musset (1810–1857) die romantische Theaterbühne in Frankreich. Bedeutende Romantiker waren schon früher hervorgetreten: Francois René de Chateaubriand (1768–1848) mit den schwärmerischen Erzählungen *René* (1801) und *Atala* (1805); Alphonse de Lamartine (1790–1869) mit seinen lyrischen Landschafts- und Seelenstimmungen; Alfred de Vigny (1797–1863) mit Gedichten, Romanen und dem Drama *Chatterton* (1835) über einen unglücklichen Dichter der englischen Vorromantik. Der pathologisch gefährdete Gérard de Nerval (1808–1855), der Goethes *Faust* ins Französische übersetzte, war ein Geistesverwandter der deutschen Romantiker, schuf inhaltlich dunkle Lyrik in poetischer Sprache und verfasste den alptraumhaft mysteriösen Text *Aurélia* (1855), dessen Titel nicht umsonst an die weibliche Hauptfigur in E.T.A. Hoffmanns *Elixiere des Teufels* anklingt. Théophile Gautier (1811–1872) entwickelte sich, von der Romantik ausgehend, zum Formkünstler des „l'art pour l'art" und Vorbereiter des Symbolismus; seine Erzählungen und Romane sind typische Werke der Schauerromantik und bis heute spannend zu lesen.

Italien

In Italien wurde der bedeutende Dichter Alessandro Manzoni in der Zeit des politischen Ringens um die Einheit Italiens zu einem einflussreichen Vorbild. Sein Hauptwerk, der Roman *I Promessi Sposi*, zeigt, wie die Mittelpunktsfiguren Lucia und Renzo sich ihre Heirat vor dem Hintergrund der willkürlichen Eingriffe der spanischen Fremdherrschaft im 17. Jahrhundert erkämpfen. Die Parallelen zur Gegenwart des noch in Abhängigkeiten zersplitterten Italien nach dem Wiener Kongress sind deutlich. Ein bedeutender von der Romantik und ihren Gefährdungen geprägter Autor ist noch Giacomo Leopardi, ein Hauptrepräsentant des europäischen Pessimismus, dessen umfassende Gedichtsammlung *Canti* seit 1830 erschien.

Spanien und Portugal

Die spanische Romantik wurde geprägt von exilierten Autoren, die nach der Zeit der absolutistischen Herrschaft zurückkamen und nun – oft unter Lord Byrons Einfluss – schwermütige Dramen und Prosadichtungen schufen; so José Zorrilla y Moral (1817–1893) mit Verslegenden über das mittelalterliche Spanien und der erfolgreichen Gestaltung des Don-Juan-Stoffs *Don Juan Tenorio* (1844), ferner Gustavo Adolfo Bécquer mit seinen schwermütigen Liedern und Prosalegenden.

Russland und Polen

Die Ausstrahlung der Romantik reichte auch nach Osteuropa. In Russland wurde Alexander S. Puschkin (1799–1837) mit seiner melancholischen Lyrik förmlich zum Nationaldichter; in dem bedeutenden Versroman *Eugen Onegin* (von Tschaikowskij als Oper vertont) stellt er die von Byron'schem Weltschmerz und Haltlosigkeit geprägte adelige Zentralfigur schon kritisch dar; ähnlich konzipiert ist auch bei Michail J. Lermontov (1814–1841) der Titelheld des zum Realismus hinführenden Romans *Ein Held unserer Zeit*, wie Puschkins *Eugen Onegin* (und später Gontscharovs *Oblomov* von 1859) ein kritisches Porträt des gesellschaftlich funktionslosen und lethargischen Menschen in der zaristischen Gesellschaft. – Eines der seltsamsten Bücher der Romantik, aber auch der ganzen Weltliteratur ist der fantastische Roman *Die Handschrift von Saragossa* des Polen Jan Graf Potocki, der an Verschlungenheit der Handlung, an erzähltechnischer Kompliziertheit, aber auch an Wechselfällen der Textüberlieferung (das französisch geschriebene Originalmanuskript ist verschollen) seinesgleichen sucht – ein romantisches Werk vor allem durch die kühne Mischung von rationaler Konstruktion und schauerlicher Erfindungsgabe. Die polnische Romantik, entstanden in einer immer wieder existenziell bedrohten Nation, steht ansonsten mit den wichtigsten teils aus dem Exil schreibenden Autoren Adam Bernard Mickiewicz (1798–1855), der das polnische Nationalepos *Pan Tadeusz* (1834) verfasste, und Juliusz Slowacki (1809–1849) ganz im Zeichen der nationalen Selbstfindung.

Amerika

Der Einfluss der Romantik erreichte schließlich im 19. Jahrhundert auch Nord- und Südamerika. In Nordamerika hängen die literarischen Gestaltungen eng zusammen mit dem Aufbau einer sich an europäischen Modellen orientierenden, sich davon aber auch befreienden Gesellschaft und Kultur, die es ja erst seit wenigen Jahrzehnten gab. In den bis heute als Jugendlektüre beliebten Lederstrumpf-Romanen (z. B. *The Last of the Mohicans*) von James Fenimore Cooper (1789–1851) werden mit viel Lokalkolorit die abenteuerlichen Auseinandersetzungen zwischen Indianern und weißen Siedlern eindrucksvoll und – im Vergleich zu dem eher trivialen Werk von Karl May in Deutschland – aus einer konkreten und tiefen Kenntnis der aufeinander prallenden Kräfte geschildert. Zum wichtigsten Romantiker wurde Edgar Allan Poe (1809–1849), ein heute noch gelesener meisterhafter Gestalter des Unheimlichen und Grausigen, das er ganz in der Tradition E. T. A. Hoffmanns mit scharfem analytischen Kalkül vereinbart; gleich bedeutend als Schöpfer der ersten Detektivgeschichten (*The Murders in the Rue Morgue*, 1841) und sprachmelodischer Gedichte (*The Raven*, 1845) wie als Literaturtheoretiker (*The Philosophy of Composition*, 1846), der mit seiner Betonung der bewussten Gestaltung des Magischen und Fantastischen den Symbolismus und die moderne Lyrik beeinflusste.

Die Romantik war eine internationale europäische Bewegung, deren Einfluss bis nach Nord- und Südamerika reichte. Mit ihrem Sinn für den Eigenwert verschiedener, jeweils aus der Vergangenheit überkommener Traditionen trug sie in vielen Ländern entscheidend zur Selbstfindung eines nationalen Bewusstseins bei. Meist dominierte der Roman als ideale literarische Form für die farbige Vergegenwärtigung der Vergangenheit.
Schon in Deutschland beteiligten sich romantische Dichter an den Befreiungskriegen gegen Napoleon. Noch mehr trugen romantische Autoren in vielen europäischen und überseeischen Ländern, die im Lauf des 19. Jahrhunderts zu ihrer nationalen Identität fanden, zu diesem Prozess bei.
Mit dieser Hinwendung zum Nationalen unterscheidet sich die Romantik grundsätzlich von den vorhergegangenen Epochen. Das Denken der Aufklärung hatte sich dagegen an der universalen, für alle Menschen und Völker gleichermaßen geltenden Vernunft orientiert, die Klassik die idealisiert gesehene Antike zum gültigen Modell für *den* Menschen schlechthin erhoben.

4 Romantik in Kunst und Musik

Die Romantik ist eine ganzheitliche, nicht nur literarische geistige Bewegung. So gehört ein Blick auf die bildenden und tönenden Künste in den Umkreis der Betrachtung, weil Maler und Musiker wesentlich zum heutigen Bild der Romantik beigetragen haben.

4.1 Kunst der Romantik

C. D. Friedrich, Schinkel und Carus

Bilder des Vergangenen, auch des Religiösen, vor allem aber die Landschaftsmalerei bestimmen die Malerei der Romantik in Deutschland. Der aus heutiger Sicht wichtigste Maler ist Caspar David Friedrich, dessen Bilder, nachdem er lange fast vergessen war, heute hoch geschätzt werden. Sie haben die gängige Vorstellung von der romantischen Landschaft geprägt. Friedrich hat konsequent die bildkünstlerischen Mittel für die Verwirklichung einer Darstellung des Unendlichen entwickelt, die dem Betrachter suggeriert, dass das Entscheidende nicht *in*, sondern *hinter* der abgebildeten Realität liegt: Die Szenerien sind nicht beleuchtet, sondern strahlen ein geheimnisvolles Leuchten aus, dessen Quelle verdeckt bleibt. Bei symmetrischer Komposition wird das handgreiflich Gegenständliche zurückgedrängt, indem es oft dunkel im Vordergrund bleibt, während der Blick in die Tiefe des Bilds gelenkt wird. Der Himmel nimmt einen großen Teil des Bildes ein; Menschen (oft in Rückenansicht), Gebäude oder Schiffe erscheinen häufig fast entmaterialisiert als Silhouette. *Das Felsentor* (1818) von Karl Friedrich Schinkel oder der

Caspar David Friedrich:
Stadt bei Mondaufgang, Öl (um 1817)

Caspar David Friedrich:
Kreidefelsen auf Rügen, Öl (1818 f.)

Karl Friedrich Schinkel:
Das Felsentor, Öl (1818)

Carl Gustav Carus: *Blick auf Dresden von der Brühl'schen Terrasse*, Öl (um 1830–31)

Blick auf Dresden von der Brühl'schen Terrasse (um 1830–1831) von Carl Gustav Carus machen deutlich, dass das Entscheidende gerade *hinter* dem Sichtbaren liegt.

Weitere Maler der Romantik

Weitere wichtige Maler der Romantik sind etwa der früh verstorbene Philipp Otto Runge (1777–1810), ferner die sogenannten *Nazarener* (Friedrich Overbeck, Franz Pforr, Peter Cornelius und andere), die in ihren sorgfältig in reinen Farbklängen gehaltenen, dem heutigen Blick oft etwas süßlich erscheinenden biblischen Szenerien die religiöse Inbrunst der Romantik in Andachtsbilder übersetzten. Unter den Malern in den übrigen europäischen Ländern ist bedeutend der in England lebende Schweizer Johann Heinrich Füssli (1741–1825), der – vom Klassizismus ausgehend – doch mit seinen schauerlichen, oft literarischen Vorlagen nachempfundenen Visionen der Romantik nahe steht; ähnlich auch William Blake. William Turner (1775–1851) gelangte in seinen farblich überwältigend reichen stimmungsvollen Gemälden und Aquarellen fast bis zur Auflösung der Gegenstandswelt und weist auf den Impressionismus voraus. In Frankreich dominierte Eugène Delacroix (1798–1863) mit wildbewegten, dem romantischen Hang zur farbigen Ausmalung ferner Länder und Zeiten entgegenkommenden Gemälden.

Architektur der Neugotik

Gegenüber der Malerei, die das Schwebende und Ahnungsvolle auszudrücken vermag, das die romantische Kunstauffassung bestimmt, treten diejenigen bildenden Künste stark zurück, die auf feste, im Raum fixierte Formen angewiesen sind. Daher gibt es keine romantische Architektur, sondern nur als deren Ersatzform in romantischem Geist den Rückgriff auf mittelalterliche Gestaltungsweisen, etwa das Formenrepertoire der gotischen Kirchen und Kathedralen, in der *Neugotik*. Den Bauten in diesem Stil haftet aus heutiger Sicht meist etwas merkwürdig Unauthentisches an. Die Friedrichwerder'sche Kirche in Berlin (1824 von Schinkel entworfen) oder das Schloss Hohenschwangau (1833–1837) sind typisch neugotische Bauten. Eine völlig untergeordnete Rolle spielte die Bildhauerei, die im Klassizismus so große Bedeutung hatte.

4.2 Musik der Romantik

Musik als Thema der Literatur

Um 1800 häufen sich in der Erzählkunst Werke, die der Musik eine mythische Kraft zuschreiben; so geschieht es in Heinrich von Kleists geheimnisvoller Erzählung *Die heilige Cäcilie oder Die Gewalt der Musik* (1810). Unter den romantischen Schriftstellern hat besonders E.T.A. Hoffmann – selbst ein höchst kompetenter Musikkritiker und bis heute unterschätzter Komponist – die Musik in den Vordergrund vieler Werke gestellt (etwa *Don Juan* oder *Rat Krespel*) und mit der Gestalt des verrückten Kapellmeisters Johannes Kreislers in den *Kreisleriana* und im Roman *Lebensansichten des Katers Murr* eine bezeichnend romantische, d.h. pathologisch gefährdete und mit der Alltagsexistenz kämpfende Künstlerfigur geschaffen.

Auflösung der sinfonischen Form

Die romantischen Musiker waren nach 1800 in einer delikaten Lage. Sie standen ja am Ende einer der glanzvollsten Zeiten der Musikgeschichte, der Wiener Klassik, die mit den Namen Haydn, Mozart und Beethoven verbunden war. Zu dem ganzheitlichen In-Eins-Gefühl des Romantikers gibt es aber keinen größeren Gegensatz als den Bau der klassischen Sinfonie, die vier scharf umrissene Sätze nach Themen und Tempo eindeutig voneinander abtrennt und nach Kontrast und logischer Entwicklung anordnet, fast wie im streng gegliederten klassischen Drama. Diese festen Bauformen lösen die romantischen Musiker auf, Robert Schumann etwa in seiner 4. Sinfonie. Das klare Fortschreiten der klassischen Sinfonik löst sich in ein schwebendes Spiel mehrfach anklingender Stimmungen auf; das „Leitmotiv" als wiederkehrendes strukturierendes Element hat hier seinen Ursprung. Das musikalische Werk wird aus der linear gegliederten Finalität in eine assoziative Stimmungshaftigkeit überführt; dabei entspricht dem erst allmählichen Hervortreten der Themen zu Beginn ein „Verklingen" am Ende.

Für die in der Romantik gepflegten Gattungen der Instrumentalmusik, des Lieds und der Oper kann hier nur der grundsätzliche Entwicklungsweg angedeutet werden; im Übrigen sind dann jeweils einige besonders repräsentative und für einzelne Spielarten der Romantik typische Werke verzeichnet.

Die *Sinfonie* entwickelt sich – wie beschrieben – weg von der strengen klassischen Gliederung und hin zu gelockerten Formen; häufig nimmt sie national verschiedene, volkstümlich vorgeprägte oder wirkende Traditionen in Thematik, Rhythmik und Instrumentierung auf. „Symphonische Dichtungen" schildern außermusikalische Szenerien und Vorgänge mit musikalischen Mitteln im Sinn einer „Programmmusik". In der *Kammermusik* wird die weiter gepflegte klassische Form der Sonate ergänzt durch lockere Formen wie Rhapsodie, Impromptu, Fantasie und vor allem national geprägte Tänze wie Walzer, Polonaise, Mazurka usw.

Instrumentalmusik der Romantik

Komponist	Werke
Hector Berlioz	Symphonie phantastique (1830)
Frédéric Chopin	Nocturnes (ab 1827), Walzer (ab 1831)
E.T.A. Hoffmann	Harfenquintett (1807), Trio E-Dur (1809)
Franz Liszt	Ungarische Rhapsodien (ab 1851)
Felix Mendelssohn Bartholdy	Oktett op. 20 (1825), Quartett op. 80 (1847)
Felix Mendelssohn Bartholdy	Sinfonie Nr. 3 a-Moll (*Schottische*; 1842)
Robert Schumann	Sinfonie Nr. 4 d-Moll op. 120 (1851)

Das *Lied* als ganzheitliche Verbindung von Wort und Musik kommt in der Romantik zu großer Beliebtheit und entwickelt – nach Franz Schuberts in der Form eher noch klassischen, thematisch der Romantik nahestehender Liedproduktion – eine ungeheure Vielfalt. Es entstehen dadurch ganz individuelle Einheiten, bei denen die strophische Struktur oft aufgelöst wird.

Liederzyklen der Romantik

Komponist	Werke
Johannes Brahms	*Deutsche Volkslieder* (1894)
Gustav Mahler	Lieder aus *Des Knaben Wunderhorn* (1888–1899)
Franz Schubert	*Die Winterreise* (1827)
Robert Schumann	*Liederkreis op. 39, Dichterliebe op. 48* (1840)

Die *Oper* entwickelt sich in der Romantik in vielen europäischen Ländern weg von der traditionellen gebundenen Form mit der Trennung von Rezitativ und Arien hin zum Musikdrama, das als durchkomponiertes Werk Wort und Musik und alle übrigen Bühnenmittel in einem Gesamtkunstwerk integriert.

Oper und Musikdrama der Romantik

Komponist	Werke
Hector Berlioz	*Benvenuto Cellini* (1838)
Gaëtano Donizetti	*Lucia di Lammermoor* (1835)
E.T.A. Hoffmann	*Undine* (1812/16)
Richard Wagner	*Tannhäuser* (1845/61), *Tristan und Isolde* (1865)
Carl Maria von Weber	*Der Freischütz* (1821)

Das Anliegen der Romantik, eine „sinnliche Darstellung des Ewigen" (Eichendorff) zu schaffen, muss sich in jedem Kunstmedium mit dessen Bedingungen auseinandersetzen. Die bildende Kunst hat vor allem in der Malerei eigene Mittel entwickelt, das Gegenständliche zurückzudrängen. Musik drückt sich nicht in Begriffen oder Gegenständen, sondern in immateriellen, zu jeder Art von schwebender Differenzierung fähigen Klängen aus. In diesem Sinn ist Musik von der Romantik selbst als die *eigentlich* romantische Kunst gesehen worden.

5 Romantische Programme

Selbstverständnis der Frühromantik

Die zentralen Äußerungen, in denen das sich herausbildende romantische Selbstverständnis formuliert sind, stammen vor allem von Friedrich Schlegel und von Novalis. Als Sprachrohr diente die Zeitschrift „Athenäum", die von 1798–1800 erschien. Mit genialem Griff skizziert hier der als Dichter eher zweitrangige, aber als spekulativer Geist zukunftsweisende Friedrich Schlegel in dem berühmten 116. Fragment (1798) eine Selbstdefinition der Romantik, die fast alle aus späterer Sicht wesentlichen Charakteristika der Romantik in kurzen, aber sicheren Andeutungen enthält:

FRIEDRICH SCHLEGEL: *116. Athenäumsfragment*

Die romantische Poesie ist eine progressive Universalpoesie. Ihre Bestimmung ist nicht bloß, alle getrennte Gattungen der Poesie wieder zu vereinigen, und die Poesie mit der Philosophie und Rhetorik in Berührung zu setzen. Sie will, und soll auch Poesie und Prosa, Genialität und Kritik, Kunstpoesie und Naturpoesie bald mischen, bald verschmelzen, die Poesie lebendig und gesellig, und das Leben und die Gesellschaft poetisch machen, den Witz poetisieren, und die Formen der Kunst mit gediegenem Bildungsstoff jeder Art anfüllen und sättigen, und durch die Schwingungen des Humors beseelen. Sie umfasst alles, was nur poetisch ist, vom größten wieder mehre Systeme in sich enthaltenden Systeme der Kunst, bis zu dem Seufzer, dem Kuss, den das dichtende Kind aushaucht in kunstlosen Gesang. Sie kann sich so in das Dargestellte verlieren, dass man glauben möchte, poetische Individuen jeder Art zu charakterisieren, sei ihr Eins und Alles; und doch gibt es noch keine Form, die so dazu gemacht wäre, den Geist des Autors vollständig auszudrücken: so dass manche Künstler, die nur auch einen Roman schreiben wollten, von ungefähr sich selbst dargestellt haben. Nur sie kann gleich dem Epos ein Spiegel der ganzen umgebenden Welt, ein Bild des Zeitalters werden. Und doch kann auch sie am meisten zwischen dem Dargestellten und dem Darstellenden, frei von allem realen und idealen Interesse auf den Flügeln der poetischen Reflexion in der Mitte schweben, diese Reflexion immer wieder potenzieren und wie in einer endlosen Reihe von Spiegeln vervielfachen. Sie ist der höchsten und der allseitigsten Bildung fähig; nicht bloß von innen heraus, sondern auch von außen hinein; indem sie jedem, was ein Ganzes in ihren Produkten sein soll, alle Teile ähnlich organisiert, wodurch ihr die Aussicht auf eine grenzenlos wachsende Klassizität eröffnet wird. Die romantische Poesie ist unter den Künsten was der Witz der Philosophie, und die Gesellschaft, Umgang, Freundschaft und Liebe im Leben ist. Andre Dichtarten sind fertig, und können nun vollständig zergliedert werden. Die romantische Dichtart ist noch im Werden; ja das ist ihr eigentliches Wesen, dass sie ewig nur werden, nie vollendet sein kann. Sie kann durch keine Theorie erschöpft werden, und nur eine divinatorische Kritik dürfte es wagen, ihr Ideal charakterisieren zu wollen. Sie allein ist unendlich, wie sie allein frei ist, und das als ihr erstes Gesetz anerkennt, dass die Willkür des Dichters kein Gesetz über sich leide. Die romantische Dichtart ist die einzige, die mehr als Art, und gleichsam die Dichtkunst selbst ist: denn in einem gewissen Sinn ist oder soll alle Poesie romantisch sein. ▲

Universalpoesie

Schon das einleitende Wort von der *Universalpoesie* umreißt den ganzheitlichen Anspruch, der die aus romantischer Sicht pedantischen Grenzen der einzelnen Gattungen auflöst. Aus ihm folgt, dass eine so umfassende, nach dem Unendlichen greifende Dichtkunst *progressiv* sein muss, d.h. nie einen Abschluss oder gar (so der klassische Anspruch!) Vollendung erreichen kann. Kein Mangel, sondern Konsequenz des ungeheuren Anspruchs! Damit biegt sich nun aber die Dichtkunst in gewissem Sinn auf sich selbst zurück, wird – da ja Gattungsgesetze usw. als nichtige Einschränkungen erfahren werden – zum Spielfeld des *Subjektiven*, in dem sich das Unendliche in Andeutungen („Ahnungen") spiegelt. Die oft gescholtene Willkür der romantischen Dichtung hat hier ihre Begründung! Friedrich Schlegel hat den Sachverhalt später genauer ausgeführt:

Poesie und Philosophie

„Die Philosophie hat den nämlichen Gegenstand, wie die Poesie, das Unendliche; *aber sie ist in der äußern Form, der Art und Weise, wie sie den Gegenstand auffasst und behandelt, von ihr unterschieden.*
Die Philosophie ist Wissenschaft, *die Poesie* Darstellung *des Unendlichen. Die Poesie begnügt sich das Göttliche bloß* anzuschauen, *und diese Anschauung* darzustellen; *die Philosophie (…) sucht das Höchste nach Begriffen zu erkennen und zu erklären, und diese Erkenntnis mit systematischer Strenge und Konsequenz wissenschaftlich zu konstruieren. In der Poesie ist das Höchste nur* angedeutet, *sie lässt es nur ahnen, statt es wie die Philosophie in* bestimmte Formeln *zu bringen und erklären zu wollen." (Die Entwicklung der Philosophie, 1804/05)*

Fantasie und Assoziationskunst

Auch Novalis vertritt in diesen Jahren ähnliche Gedanken, wobei er die schon von Schlegel gewählte, der Botschaft entsprechende Form des Fragments noch radikaler und apodiktischer zuspitzt und dabei auf spezifische Möglichkeiten der Darstellung aufmerksam wird, wie sie auf die moderne Literatur – etwa die des Surrealismus – vorausweisen:

„Erzählungen, ohne Zusammenhang, jedoch mit Assoziation, wie Träume. Gedichte, bloß wohlklingend und voll schöner Worte – aber auch ohne allen Sinn und Zusammenhang – höchstens einzelne Strophen verständlich – sie müssen wie lauter Bruchstücke aus den verschiedenartigsten Dingen (sein)." (Fragmente zur Poetik, 1798–1800)

„In unserm Gemüt ist alles auf die eigenste, gefälligste, und lebendigste Weise verknüpft. Die fremdesten Dinge kommen durch einen Ort, eine Zeit, eine seltsame Ähnlichkeit, einen Irrtum, irgendeinen Zufall zusammen. So entstehn wunderliche Einheiten und eigentümliche Verknüpfungen – und eins erinnert an alles – wird das Zeichen vieler und wird selbst von vielen bezeichnet und herbeigerufen. Verstand und Phantasie werden durch Zeit und Raum auf das sonderbarste vereinigt, und man kann sagen, dass jeder Gedanke, jede Erscheinung unsers Gemüts das individuellste Glied eines durchaus eigentümlichen Ganzen ist." (Die Enzyklopädie, 1798–99)

Spätere Äußerungen der Romantiker zur Dichtungstheorie finden sich häufig am Rand der Erzählwerke. Sie tragen noch manche Gedanken bei, erreichen aber nicht mehr den Schwung der ersten Entwürfe. Sie vertiefen, eher rückwärts gewandt, die Konzepte des Volkstümlichen, der welterschaffenden Rolle der Fantasie, der religiösen Perspektive.

Fichtes und Schellings romantische Philosophie

Gesehen werden muss immer auch der Zusammenhang der Romantik mit einer Spielart des philosophischen Idealismus, die das Ich in den Mittelpunkt der Welt setzt. Eine solche Philosophie haben vor allem Johann Gottlieb Fichte (1762–1814) und F. W. J. Schelling (1775–1754) entwickelt. Fichte war in Berlin Mittelpunkt des Romantikerkreises; ein entscheidendes Werk für die Entwicklung der romantischen Auffassungen war die *Wissenschaftslehre* (1794–1797). Fichte entwickelte Kants kritischen Idealismus zum subjektiven weiter. Aus der Tätigkeit eines absolut gesetzten, selbstschöpferischen Ich entspringen danach alle Erkenntnisse. Schelling, der mystische Gedanken wieder aufnahm, vertiefte die Auffassung, dass der Mensch über eine eigene, von Natur und Geschichte unabhängige Schöpferkraft verfüge:

„Dem Menschen muss ein Wesen zugestanden werden, das außer und über der Welt ist; denn wie könnte er allein von allen Geschöpfen den langen Weg der Entwicklungen von der Gegenwart bis in die tiefste Nacht der Vergangenheit zurückverfolgen, er allein bis zum Anfang der Dinge aufsteigen, wenn in ihm nicht ein Wesen von Anbeginn der Zeiten wäre? Aus der Quelle der Dinge geschöpft und ihr gleich hat das Ewige der Seele eine Mitwissenschaft der Schöpfung." (Darstellung des philosophischen Empirismus, II, 5, um 1835)

Die Affinität zur literarischen Romantik mit ihren mutwilligen Ich-Spielen und dem selbstherrlichen Walten des Autors ist hier förmlich mit Händen zu greifen.

Die Romantik ist nicht eine spontan entstandene, erst später theoretisch durchdrungene literarische Bewegung, sondern sie entsteht von Anfang an auf philosophischer Grundlage und wird von programmatischem Bewusstsein begleitet, ja sogar hervorgebracht.
Dabei ist nach romantischem Kunstverständnis theoretische Reflexion integraler Bestandteil des Kunstwerks selbst, das sich und seine Bedingungen mit thematisiert.

6 Romantische Schreibweisen

Woran erkennt man einen romantischen Text? Es versteht sich, dass darauf keine einheitliche Antwort möglich ist – zumal gerade die Romantik, mehr als jede andere literarische Bewegung, Vielfalt und ständige Fortentwicklung zu ihrem Konzept gemacht hat. Trotzdem weisen viele romantische Texte wiederkehrende Schreibweisen auf, die in der Folge an kurzen Beispielen gezeigt werden. Dies im Bewusstsein, dass weder ein Text, der eine oder mehrere dieser Tendenzen zeigt, zur Romantik gehören muss noch umgekehrt ein Text, der keine davon zeigt, von der Romantik ausgeschlossen werden kann.

6.1 Fragmentarismus

Unabgeschlossenheit

Die Romantik will unendliche Botschaften gestalten. Ihr Poesiebegriff schließt eine wohlgerundete Abgeschlossenheit förmlich aus – „Die romantische Dichtart ist noch im Werden; ja das ist ihr eigentliches Wesen, dass sie ewig nur werden, nie vollendet sein kann", heißt es ja bei Friedrich Schlegel im Athenäums-Fragment Nr. 116. Dies hat Folgen: Einerseits sind zahlreiche romantische Werke, gerade auch Hauptwerke, tatsächlich unvollendet geblieben, Novalis' *Heinrich von Ofterdingen* ist nur ein Beispiel für viele. Aber auch den vollendeten Werken sind Sprünge und Risse vielfach eingearbeitet; Hoffmanns Roman *Lebensansichten des Katers Murr* etwa ist scheinbar mutwillig und beziehungslos aus Erzählteilen über den Kapellmeister Kreisler und aus Notaten des Katers zusammengesetzt. Und schließlich hat die Romantik das *Fragment*, also eine kurze, offene, mehr von der Strahlkraft der Andeutung als von der begrifflich abgeschlossenen Gedankenentwicklung lebende Schreibform, zu einem ihrer wichtigsten Ausdrucksmittel gemacht. Novalis hat dies schon in der Frühromantik auch theoretisch begründet, selbstverständlich in der Fragmentform:

Fragment als Form

„Als Fragment erscheint das Unvollkommene noch am ehesten erträglich – und also ist diese Mitteilung dem zu empfehlen, der noch nicht im ganzen fertig ist – und doch einzelne merkwürdige Ansichten zu geben hat." (Neue Fragmente, 1799/1800)

6.2 Eingeschobene Gedichte in erzählender Prosa

Lied als Einlage

Dieses sehr häufige Gestaltungsprinzip entspricht der romantischen Verwischung von Gattungsgrenzen und hebt stimmungshafte Höhepunkte hervor – so in dem folgenden, wegen der urromantischen Wortschöpfung „Waldeinsamkeit" berühmten Auszug aus Tiecks Märchen *Der blonde Eckbert* (1797):

LUDWIG TIECK: *Der blonde Eckbert*
Er stieg träumend einen Hügel hinan; es war, als wenn er ein nahes, munteres Bellen vernahm, Birken säuselten dazwischen, und er hörte mit wunderlichen Tönen ein Lied singen:

„Waldeinsamkeit
Mich wieder freut,
Mir geschieht kein Leid,
Hier wohnt kein Neid,
Von neuem mich freut
Waldeinsamkeit.“

Jetzt war es um das Bewusstsein, um die Sinne Eckberts geschehn; er konnte sich nicht aus dem Rätsel herausfinden, ob er jetzt träume, oder ehemals von einem Weibe Bertha geträumt habe; das Wunderbarste vermischte sich mit dem Gewöhnlichsten, die Welt um ihn her war verzaubert und er keines Gedankens, keiner Erinnerung mächtig. ▲

6.3 Eingeschobene theoretische und kritische Passagen

Zum romantischen Kunstverständnis gehört es, dass theoretische und kritische Reflexion Teil des Kunstwerks ist, nicht nur in eigenen Abhandlungen hinzutritt. So Friedrich Schlegel:

„In der romantischen Poesie sollte romantische Kritik mit der Poesie selbst verbunden sein; dadurch wird sie potenziert und in ihrer Sphäre desto konzentrierter, dass Poesie und kritische Poesie verbunden, verschmolzen und gemischt sei.“ (Fragmente zur Literatur und Poesie, 1797–98, Nr. 792)

Theorie als Teil des Kunstwerks

Dem entspricht, dass in vielen romantischen Werken Deutungen älterer Kunstwerke vorkommen, teils mit solchem Stellenwert, dass in der klassischen Ästhetik von einem Sprengen der Geschlossenheit gesprochen werden müsste. Eben diese Geschlossenheit wird in der Romantik aber zugunsten eines offenen Beziehungssystems aufgegeben. E.T.A. Hoffmann arbeitet in seine Erzählung *Don Juan* (1814) über Seiten eine Deutung von Mozarts *Don Giovanni* ein, in seinem Roman *Lebens-Ansichten des Katers Murr* (1820–1822) kommt es zu ausführlichen Erörterungen über geistliche Musik. In den Künstlerromanen (z. B. *Franz Sternbalds Wanderungen* von Ludwig Tieck, 1798) spielen kunsttheoretische Debatten eine große Rolle; romantische Malerei wiederum (z. B. J. H. Füssli) gestaltet oft literarische Sujets.

6.4 Romantische Ironie

Ironische Distanz

Als *romantische Ironie* bezeichnet man die in literarische Werke eingearbeitete Distanz der eigenen Schöpfung gegenüber. Schlegel leitet sie 1797 (im *Lyceumsfragment Nr. 108*) von dem Grundproblem der Romantik ab, das Unendliche in einem endlichen Werk darzustellen: Romantische Ironie „enthält und erregt ein Gefühl von dem unauflöslichen Widerstreit des Unbedingten und des Bedingten, von Notwendigkeit und Unmöglichkeit einer vollständigen Mitteilung.“ Die Mittel, mit denen ironische Distanz hergestellt und das Werk in sich selbst gespiegelt wird, sind

Heraustreten von Figuren aus dem Werk

verschieden – in dem folgenden Auszug aus Clemens Brentanos Roman *Godwi* etwa tritt die Romanfigur Godwi sozusagen aus dem Werk heraus, indem sie sich bei der Betrachtung einiger Gemälde dem fiktiven Erzähler gegenüber mit genauen Seitenangaben auf vorausgehende Passagen des Werks beruft:

„‚Ich habe vergessen', sagte Godwi, ‚Ihnen zu sagen, dass diese Gemälde von Franzesko Firmenti sind, dessen traurige Schicksale im ersten Bande Ihres Romans Seite 165 sein Bruder Antonio an meinen Vater schreibt, der ihn wieder gefunden hatte; es ist derselbe, von dem Römer Seite 50 schreibt, dass er seine Stelle ersetze und mit meinem Vater viel allein sei. (...)'" (Godwi, II. Teil, Kap. 26, 1801)

Im 18. Kapitel des II. Buchs weist eine Romanfigur im Gespräch sogar auf ein Gewässer und bemerkt: „Dies ist der Teich, in den ich auf Seite 146 im ersten Band falle."

6.5 Synästhesie

Verschmelzung von Sinneswahrnehmungen

Unter *Synästhesie* versteht man die Verschmelzung verschiedener Sinneseindrücke: Töne schmecken, Farben hören usw. – diese Fähigkeit haben manche Menschen tatsächlich, was als neurologische Anomalie gilt. Für die Romantiker liegt in der entsprechenden Vorstellung ein Hinweis auf die verborgene Einheit der Welt; so ist die Synästhesie in romantischer Dichtung ein häufiges Gestaltungsmittel. – Ein Beispiel aus E.T.A. Hoffmanns *Kreisleriana* (1814):

„Nicht sowohl im Traume, als im Zustande des Delirierens, der dem Einschlafen vorhergeht, vorzüglich wenn ich viel Musik gehört habe, finde ich eine Übereinkunft der Farben, Töne und Düfte. Es kömmt mir vor, als wenn alle auf die gleiche geheimnisvolle Weise durch den Lichtstrahl erzeugt würden, und dann sich zu einem wundervollen Konzerte vereinigen müssten. – Der Duft der dunkelroten Nelken wirkt mit sonderbarer magischer Gewalt auf mich; unwillkürlich versinke ich in einen träumerischen Zustand und höre dann, wie aus weiter Ferne, die anschwellenden und wieder verfließenden tiefen Töne des Bassethorns." (Kreisleriana, 1814)

Die romantische Literatur weist bestimmte Darstellungstendenzen auf, die zum Teil nicht ihr allein eigen sind (Gedichte oder theoretische Exkurse etwa kommen auch manchmal in klassischen Erzähltexten vor), die aber doch gerade in der Romantik auffallend häufig sind.
Sie alle hängen mit der speziellen Kunstauffassung der Romantiker zusammen und stehen in deren Dienst.

7 Lyrik der Romantik

Lyriker der Romantik

Als die wichtigsten Lyriker der Romantik, die jeweils über einen eigenen Ton verfügen, werden Novalis, Clemens Brentano und Joseph von Eichendorff angesehen. Die zahlreichen Gedichte von Friedrich Schlegel bleiben hinter seiner Bedeutung als Theoretiker zurück; Ludwig Tieck und Achim von Arnim sind eher durch ihre Erzählungen und Romanen wichtig; bei Karoline von Günderode rührt das Lebensschicksal mehr an als die sprachliche Qualität der Gedichte; Heinrich Heines Lyrik ist international am populärsten geworden, bezeichnet dabei aber die Selbstdestruktion der Romantik; mit Ludwig Uhland ist schließlich gerade in den bekanntesten Gedichten das Umschlagen in betont schlichte, manchmal vaterländisch penetrante Volkstümlichkeit erreicht, die den kühnen Weltentwurf der Durchbruchszeit kaum mehr durchblicken lässt.

Religiöse Inbrunst und Sinnlichkeit bei Novalis

Novalis hat schon in seinen *Hymnen an die Nacht* (1797), einem eigenartig aus Versen und rhythmischer Prosa komponierten Text, einen melodisch üppigen, von Todestrunkenheit erfüllten Kosmos geschaffen. Er ist auch ein Erneuerer des evangelischen Kirchenlieds geworden. Sein unverkennbarer Ton, in dem sich religiöse Inbrunst und Sinnlichkeit gewagt vermischen und in dessen flutender Rätselhaftigkeit – wie in manchen von Novalis' Fragmenten (vgl. S. 21) – schon fast der Surrealismus vorweggenommen erscheint, findet sich beispielhaft in dem „Lied der Toten", das in der unvollendeten Fortsetzung des Romans *Heinrich von Ofterdingen* stehen sollte. Nach Ludwig Tiecks Bericht gehört das Gedicht in den Zusammenhang der Todesthematik: „Mit einem alten Mönch spricht Heinrich über Tod und Magie, er hat Ahndungen vom Tode und dem Stein der Weisen, er besucht den Klostergarten und den Kirchhof", auf den sich das Gedicht bezieht. Hier die erste und drei weitere Strophen:

NOVALIS: *Lied der Toten*

Lobt doch unsre stillen Feste,
Unsre Gärten, unsre Zimmer,
Das bequeme Hausgeräte,
Unser Hab und Gut.
Täglich kommen neue Gäste,
Diese früh, die andern späte,
Auf den weiten Herden immer
Lodert neue Lebensglut. (...)

Süßer Reiz der Mitternächte,
Stiller Kreis geheimer Mächte,
Wollust rätselhafter Spiele,
Wir nur kennen euch.
Wir nur sind am hohen Ziele,
Bald in Strom uns zu ergießen,
Dann in Tropfen zu zerfließen
Und zu nippen auch zugleich.

Uns ward erst die Liebe, Leben;
Innig wie die Elemente
Mischen wir des Daseins Fluten,
Brausend Herz mit Herz.
Lüstern scheiden sich die Fluten,
Denn der Kampf der Elemente
Ist der Liebe höchstes Leben,
Und des Herzens eignes Herz.

Leiser Wünsche süßes Plaudern
Hören wir allein, und schauen
Immerdar in selge Augen,
Schmecken nicht als Mund und Kuss.
Alles was wir nur berühren
Wird zu heißen Balsamfrüchten,
Wird zu weichen zarten Brüsten,
Opfer kühner Lust. ▲

Eine bedenklich lebenspralle Gegenwelt des Todes wird da entfaltet; die „Zimmer" sind ja Särge, die „neuen Gäste" Verstorbene! Und es werden in einem glutvoll in sich kreisenden Sprachstrudel (nicht mehr als drei Reime pro Strophe!) paradiesische Seligkeit, völlige Auflösung und dämonische Erotik, ja „Wollust" vereinbart …

Klangmagie bei Brentano

Auf andere Art, aber nicht weniger sprachgewaltig geht es in den Gedichten Clemens Brentanos zu. Als der große Klangzauberer der Romantik hat er in seiner reichen lyrischen Produktion Klangwelten von unglaublicher Musikalität geschaffen. Viele Strophen Brentanos prägen sich schon nach einmaligem Lesen ein, und nicht umsonst sind gerade seine Gedichte kaum vertont worden – sie sind schon Musik! Als Probe hier die erste Strophe eines Gedichts, das im Roman *Godwi* (1801) *gesungen* wird:

CLEMENS BRENTANO: *[Ein Reiter an dem Rheine ritt]*
Ein Reiter an dem Rheine ritt
In dunkler Nacht dahin,
Ein Ritterlein, das reitet mit
Und fragt: Wohin dein Sinn? ▲

Zu wahrer Sprachmagie fügen sich hier die Klänge der i- und ei-Töne und ebenso die Alliterationen auf r zusammen. Die fast durchgehend kurzen Silben bilden suggestiv den Trab des Reitens nach, und der Inhalt wird in dieser lyrischen Sprache so nachrangig, dass etwa die letzte Frage (prosaisch: *Wohin willst du?*) ganz auf die kurzen Klänge auf i und ei zugeschnitten ist!

Von bezwingendem rhythmischem Schwung, von der ersten Verszeile an, ist auch das folgende berühmte Gedicht ohne eigenen Titel:

CLEMENS BRENTANO: *[Wenn der lahme Weber träumt, er webe]*

Wenn der lahme Weber träumt, er webe,
Träumt die kranke Lerche auch, sie schwebe,
Träumt die stumme Nachtigall, sie singe,
Dass das Herz des Widerhalls zerspringe,
Träumt das blinde Huhn, es zähl' die Kerne,
Und der drei je zählte kaum, die Sterne,
Träumt das starre Erz, gar linde tau' es,
Und das Eisenherz, ein Kind vertrau' es,
Träumt die taube Nüchternheit, sie lausche,
Wie der Traube Schüchternheit berausche;
Kömmt dann Wahrheit mutternackt gelaufen,
Führt der hellen Töne Glanzgefunkel
Und der grellen Lichter Tanz durchs Dunkel,
Rennt den Traum sie schmerzlich übern Haufen,
Horch! die Fackel lacht, horch! Schmerz-Schalmeien
Der erwachten Nacht ins Herz all schreien;
Weh, ohn' Opfer gehn die süßen Wunder,
Gehn die armen Herzen einsam unter! ▲

Ein einziges Satzgefüge, in dem so manches rätselhaft bleibt! Wieder überwuchert die Klangmagie der in lockerer Folge dem einleitenden „wenn" angeschlossenen Aussagen deutlich den Inhalt. Immerhin, es geht um Wesen, die in einer förmlichen Kettenreaktion in eine Traumwelt hineingerissen werden. Und es sind durchweg *beeinträchtigte* Wesen, die aber dann im Traum ihre Kräfte zurückgewinnen! Gerhard Kaiser (Augenblicke deutscher Lyrik, 1987) hat die religiöse Dimension dieses Geschehens herausgearbeitet: „Das ist – in aller Verspieltheit – ein heilsgeschichtliches Modell, das Bild einer zu ihrem Heil verkehrten Welt, des wiederhergestellten Paradieses." Damit fällt aber auf den *Weber*, dessen Traum alle anderen entfesselt, neues Licht; dahinter steckt ein altes Bild für den Dichter, der einen Text (lat. *textura* = Gewebe) verfertigt. Kaiser: „Das Traumgedicht Brentanos ist ein poetologisches Gedicht vom Dichter, der von einem Text träumt, der alle seine Figuren den Traum vom vollkommenen Leben träumen läßt." Jetzt wird auch der schmerzliche Zusammenstoß mit der „Wahrheit" erklärlich; hat doch die Heilung der Welt, als Produkt des Traums, nur im Traum Bestand! Brentano hat in das Gedicht also durchaus tiefsinnige Botschaften eingearbeitet, hat sie aber zugleich spielerisch verwischt. Man muss sie nicht zu Ende entschlüsseln, um dieses merkwürdige Gedicht als faszinierendes romantisches Sprachspiel zu genießen.

Raffinierte Einfachheit bei Eichendorff

Abschließend *das* romantische Gedicht schlechthin und eines der vollkommensten deutschen Gedichte: *Mondnacht.* Joseph von Eichendorff veröffentlichte es 1837, kurz darauf wurde es von Robert Schumann vertont. Es verwirklicht den Typus des romantischen Lieds ideal:

JOSEPH VON EICHENDORFF: *Mondnacht*

Es war, als hätt' der Himmel
Die Erde still geküsst,
Dass sie im Blütenschimmer
Von ihm nun träumen müsst'.

Die Luft ging durch die Felder
Die Ähren wogten sacht,
Es rauschten leis die Wälder,
So sternklar war die Nacht.

Und meine Seele spannte
Weit ihre Flügel aus,
Flog durch die stillen Lande,
Als flöge sie nach Haus. ▲

Marienverehrung

An der Oberfläche ein unmittelbar eingängiges, ganz einfach erscheinendes Gedicht, eines der vielen romantischen Nachtgedichte. Es greift zurück auf den uralten Mythos der Hochzeit von Himmel und Erde und konkretisiert ihn durch die christlich-katholische Vorstellungswelt der Marienverehrung (Maria als von Gott Erwählte, die Erde als Himmelsbraut). In den syntaktischen Fügungen (indikativische und konjunktivische Aussagen sind raffiniert verschränkt), im Vokabular (Prägungen wie „Blütenschimmer" und „sternklar") und in der Metaphorik (die Seele hat Flügel) erweist sich das Gedicht als ein subtiles Meisterwerk, dessen hintergründiger Tiefsinn sich hinter verblüffender Einfachheit verbirgt.

Lyrik ist (nach Hugo Friedrich 1964) „eine spezifische Weise der Sprache, diejenige nämlich, die am wenigsten von den Inhalten her verstanden werden will". Daher kommt Lyrik den romantischen Tendenzen besonders entgegen: Durch ihre Kürze und Punktualität erleichtern Gedichttexte inhaltliche Unmittelbarkeit und Aufhebung der zeitlichen Abfolge in einer ganzheitlichen Erfahrung.
Gegenpol ist das Drama als die eigentlich finale Literaturgattung, die eine prägnante zeitliche Gliederung verlangt und folgerichtig in der Romantik die am wenigsten gepflegte Gattung ist.
Dagegen wird die Lyrik unter den literarischen Gattungen, deren Grenzen die Romantiker ohnehin gerne verwischen oder in höheren Einheiten aufheben, besonders favorisiert. Der häufigste Formtypus ist das strophisch gegliederte Lied, meist mit der vierzeiligen *Volksliedstrophe* mit Kreuzreim (a b a b) und *Volksliedzeilen* (drei- oder vierhebige Jamben, oft mit variabler Zahl der Senkungen); doch kommen auch zahlreiche andere Formen vor.

8 Die Entdeckung der Volksliteratur

8.1 Arnim/Brentano: *Des Knaben Wunderhorn* (1806/08) – „Volkspoesie"

Heines Charakterisierung der Sammlung

Als Heinrich Heine im Jahr 1836 seine Schrift *Die romantische Schule* veröffentlichte, lieferte er ein fast durchgehend ironisch gefärbtes Bild der literarischen Bewegung, der er selbst seine Wurzeln verdankte, von der er sich aber zunehmend entfernt hatte. Zu dem wenigen, was seinem Spott entging, gehört Ludwig Achim von Arnims und Clemens Brentanos Volksliedersammlung *Des Knaben Wunderhorn*:

„In diesen Liedern fühlt man den Herzschlag des deutschen Volks. Hier offenbart sich all seine düstere Heiterkeit, all seine närrische Vernunft. Hier trommelt der deutsche Zorn, hier pfeift der deutsche Spott, hier küsst die deutsche Liebe. Hier perlt der echt deutsche Wein und die echt deutsche Träne. (...) Fragt man nun entzückt nach dem Verfasser solcher Lieder, so antworten diese wohl selbst mit ihren Schlussworten:
Wer hat das schöne Liedel erdacht?
Es haben's drei Gäns' übers Wasser gebracht,
Zwei graue und eine weiße.
Gewöhnlich ist es aber wanderndes Volk, Vagabunden, Soldaten, fahrende Schüler oder Handwerksburschen, die solch ein Lied gedichtet. Es sind besonders die Handwerksburschen. Gar oft auf meinen Fußreisen verkehrte ich mit diesen Leuten und bemerkte, wie sie zuweilen, angeregt von irgendeinem ungewöhnlichen Ereignisse, ein Stück Volkslied improvisierten oder in die freie Luft hineinpfiffen. Das erlauschten nun die Vögelein, die auf den Baumzweigen saßen; und kam nachher ein andrer Bursch mit Ränzel und Wanderstab vorbeigeschlendert, dann pfiffen sie ihm jenes Stücklein ins Ohr, und er sang die fehlenden Verse hinzu, und das Lied war fertig. Die Worte fallen solchen Burschen vom Himmel herab auf die Lippen, und er braucht sie nur auszusprechen, und sie sind dann noch poetischer als all die schönen poetischen Phrasen, die wir aus der Tiefe unseres Herzens hervorgrübeln." (Die romantische Schule, 1836)

Zutiefst angerührt, verbreitet Heine hier den romantischen Mythos der „Volkspoesie" und gibt ein – nur durch den Einbezug der Vögel als Vermittler leicht ironisiertes – Bild vom Entstehen der Lieder durch namenlose Personen aus dem Volk.

Arbeitsverfahren der Herausgeber

Die literaturgeschichtliche Forschung hat solche Annahmen stark zurückgenommen. Von den über 700 Liedern haben Arnim und Brentano knapp die Hälfte gedruckten Vorlagen in Buch- oder Zeitschriftenform entnommen, weitere 100 *Fliegenden Blättern* vor allem des 18. Jahrhunderts, einige auch älteren Handschriften. Die rund 250 zeitgenössisch aufgezeichneten Niederschriften sind die Gruppe, die am ehesten den Annahmen der Herausgeber und noch Heines (*Entstehung aus dem Volk* heraus) entspricht. Aber auch hier ist Vorsicht geboten. Arnim und Brentano haben – ähnlich wie die Brüder Grimm bei den Volksmärchen – ihre Vorlagen oft unbefangen umgedichtet, erweitert oder gar nur als vage Anregung für weitgehend selbstverfasste Lieder genommen. Was sie nicht daran hinderte, durch Herkunftsangaben wie „Aus Franken" oder „Mündlich in Hessen" den Eindruck der Herkunft aus dem Volk auch da zu erwecken, wo sie selbst hinter dem Wortlaut standen.

Vielfalt der Töne

Die ungeheure Vielfalt der Töne – gefühlvoll, düster, scherzhaft, kindlich, fromm, erotisch, mundartlich – kann hier nur kurz an drei Beispielen gezeigt werden: Da ist etwa der düstere Landsknechtston, von den Wirren der Kriege mehrerer Jahrhunderte geprägt. Eines der eindrucksvollsten dieser Lieder ist *Revelge* (I, 72; gemeint ist mit dem Titel die *réveille*, der Weckruf an die Soldaten). Es beginnt mit den Versen, die soldatische Ursituationen (Aufbruch, Abschied, Verwundung) benennen, und endet mit einer grausigen Vision, die sich „vor Schätzels Haus" abspielt:

DES KNABEN WUNDERHORN: *Revelge*
Des Morgens zwischen drein und vieren
Da müssen wir Soldaten marschieren
Das Gässlein auf und ab;
Tralali, Tralalei, Tralala,
Mein Schätzel sieht herab.

„Ach Bruder jetzt bin ich geschossen,
Die Kugel hat mich schwer getroffen,
Trag mich in mein Quartier,
Tralali, Tralalei, Tralala,
Es ist nicht weit von hier."
(…)

Da stehen morgens die Gebeine
In Reih und Glied wie Leichensteine,
Die Trommel steht voran,
Tralali, Tralalei, Tralala,
Dass sie ihn sehen kann. ▲

Gemütvolle Lieder im Volkston

Revelge wurde von Gustav Mahler als Lied mit Klavier- oder Orchesterbegleitung vertont, wobei die Orchesterfassung die unheimliche Atmosphäre mit ihren schneidend scharfen Klängen besonders dicht vermittelt. *Des Knaben Wunderhorn* enthält aber – dies ein anderes Extrem der Vielfalt – auch eine große Zahl gemütvoller Lieder im treuherzigen Volkston, etwa das *Käuzlein* (I, 233), von Schumann mit allem kreatürlichen Charme vertont. Die erste Strophe lautet:

DES KNABEN WUNDERHORN: *Das Käuzlein*
Ich armes Käuzlein kleine,
Wo soll ich fliegen aus,
Bei Nacht so gar alleine,
Bringt mir so manchen Graus:
Das macht der Eulen Ungestalt,
Ihr Trauern mannigfalt. ▲

Daneben sind aber auch überall ergreifende Reflexe der Armut und des kargen Lebens der ländlichen Bevölkerung in alten Zeiten zu vernehmen. Das Lied *Verspä-*

tung (II, 10) ist ein erregter Dialog zwischen einem hungrigen Kind und der Mutter, die erst für Brot sorgen kann, als das Kind schon tot ist. Die erste, vorletzte und letzte Strophe:

DES KNABEN WUNDERHORN: *Verspätung*
„Mutter, ach Mutter! es hungert mich
Gib mir Brot, sonst sterbe ich."
  „Warte nur mein liebes Kind!
  Morgen wollen wir säen geschwind."
(…)

Und als das Korn gemahlen war,
Rief das Kind noch immerdar:
„Mutter, ach Mutter! es hungert mich,
Gib mir Brot, sonst sterbe ich."
  „Warte nur mein liebes Kind!
  Morgen wollen wir backen geschwind."

Und als das Brot gebacken war,
Lag das Kind schon auf der Bahr. ▲

Auch dieses Lied liegt als *Das irdische Leben* vertont von Mahler vor. Wie der neue Titel andeutet, gibt Mahler hier ein Gleichnisbild des unrastvollen Erdenlebens mit seinen schalen Vertröstungen und vergeblichen Bemühungen; die unheimlich hastigen Zwei-Viertel-Rhythmen drängen ausweglos auf das Ende hin.

Des Knaben Wunderhorn ist gleich nach seinem Erscheinen ein wahres Kultbuch der Romantik geworden und geblieben. Von der Sammlung, die das Bild des deutschen Volkslieds bis heute bestimmt (ähnlich wie die Märchen der Brüder Grimm das Bild des Volksmärchens), sind erhebliche sprachprägende Einflüsse ausgegangen.
Nicht nur sind so zahlreiche Texte in das deutsche Kulturbewusstsein eingeschrieben worden, sondern die Sammlung ist auch für heutige Leser noch eine reizvolle Fundgrube.

8.2 Brüder Grimm: *Kinder- und Hausmärchen* (1812/15) – „Volksmärchen"

Volksmärchen Gegenstand wissenschaftlicher Betrachtung

Märchen, die im Volk kursierten, waren im 18. Jahrhundert schlecht angesehen. Aufklärerische Geister hielten sie für rohe Produkte eines unkritischen Wunder- und Aberglaubens, der sich mit haltlosen Welterklärungen in armseliger Sprachform zufrieden gebe. Mit der romantischen Wertschätzung von altem Volkstum und Fantasie änderte sich das. Volksmärchen wurden nun erst einer ernsthaften und sogar wissenschaftlichen Betrachtung – und das heißt zunächst des Aufschreibens – für würdig gehalten.

Erfolg der Sammlung

Die Brüder Jacob Grimm (1785–1863) und Wilhelm Grimm (1786–1859), Begründer der deutschen Sagenforschung und als Professoren in Göttingen und später Berlin wirkend, sammelten jahrelang Märchentexte. 1812 und in zweiter Auflage 1819 gaben sie die *Kinder- und Hausmärchen*, die bei weitem erfolgreichste deutsche Sammlung von Volksmärchen heraus, die sie bis zur Ausgabe letzter Hand (1857) mehrfach neu bearbeiteten. Der Erfolg war überwältigend: Es handelt sich dabei nicht nur um die wichtigste Märchensammlung der Romantik, sondern um das bis heute populärste, am meisten aufgelegte und übersetzte deutsche Buch überhaupt. Es enthält fast alle volkstümlich gewordenen deutschen Märchen – der Froschkönig, Hänsel und Gretel, Schneewittchen, Dornröschen, Aschenputtel, Rapunzel und der Gestiefelte Kater treiben darin ihr Wesen.

Typischer Handlungsverlauf im Volksmärchen

Und dies geschieht meist in den urtümlichen Formen und Handlungsschemata, die an vielen Volksmärchen in ganz Europa ablesbar sind: Zu Anfang besteht eine Konflikt- und Problemsituation (Armut, Hunger, Gefangenschaft usw.). Dann kommt die Phase, in der die Schwierigkeiten oder bestimmte Aufgaben bewältigt werden, oft mit Unterstützung eines mächtigen oder übernatürlichen Helfers, dessen Entlohnung aber manchmal zu einem neuen Problem wird. Schließlich, oft nach Erfüllung einer Aufgabe oder Bestehen einer Probe, das für Märchen konstitutive gute Ende. Dazu die Einfachheit und Typisierung der Figuren (König, Tagelöhner usw.) und die sprachliche Formelhaftigkeit („Es war einmal …“). Ihre Absichten haben die Brüder Grimm in der Vorrede des 1. Bands verkündet:

„Wir haben uns bemüht, diese Märchen so rein als möglich war aufzufassen (…). Kein Umstand ist hinzugedichtet oder verschönert und angeändert worden, denn wir hätten uns gescheut, in sich selbst so reiche Sagen mit ihrer eigenen Analogie oder Reminiszenz zu vergrößern, sie sind unerfindlich.“

Die urromantische Vorstellung, dass also diese Märchen der Volksfantasie, nämlich den Erzählungen der einfachen Leute abgelauscht sind, wurde bei den Lesern auch durch Angaben wie „Mündlich in Hessen“, „Aus der Leinegegend“, „Aus dem Münsterland“ usw. im Anhang erweckt: Es sollte um vornehmlich in Hessen präsentes, jedenfalls aber um deutsches Volksgut gehen!

Quellen und Fassungen

Wie die Forschung inzwischen weiß, trifft das die Wahrheit nur zum Teil. Zwar haben die Brüder Grimm tatsächlich Erzählungen von etwa 40 Gewährsleuten verwendet. Daneben haben sie auch aus einer ganzen Reihe von schriftlichen Quellen aus mehreren Jahrhunderten geschöpft. Ihre Arbeitsunterlagen haben sie zum größten Teil vernichtet. In jedem Fall wurde aber der Wortlaut der Erzählungen überarbeitet und in den späteren Fassungen auch standardisiert. Und gerade diese, vor allem von dem mehr poetisch als wissenschaftlich orientierten Wilhelm Grimm betreut, sind stilistisch deutlich verändert. Wie dabei der einfache und urtümliche Volkston leidet, zugleich aber auch weiterentwickelt wird, zeigt ein Vergleich des Beginns, den das bekannte Märchen *Rumpelstilzchen* in der ursprünglichen und in der späteren Fassung erhält. Die ersten Sätze lauten in der Urfassung:

GEBRÜDER GRIMM: *Rumpelstilzchen (Urfassung)*

Es war einmal ein Müller, der war arm, aber er hatte eine schöne Tochter. Und es traf sich, dass er mit dem König zu sprechen kam und ihm sagte: „Ich habe eine Tochter, die weiß die Kunst, Stroh in Gold zu verwandeln." Da ließ der König die Müllerstochter alsogleich kommen, und befahl ihr, eine ganze Kammer voll Stroh in einer Nacht in Gold zu verwandeln, und könne sie es nicht, so müsse sie sterben. ▲

Das liest sich dann in der Fassung von 1819 so:

GEBRÜDER GRIMM: *Rumpelstilzchen*

Es war einmal ein Müller, der war arm, aber er hatte eine schöne Tochter. Nun traf es sich, dass er mit dem König zu sprechen kam, und um sich ein Ansehen zu geben, sagte er zu ihm: „Ich habe eine Tochter, die kann Stroh zu Gold spinnen." Der König sprach zum Müller: „Das ist eine Kunst, die mir wohlgefällt; wenn deine Tochter so geschickt ist, wie du sagst, so bring sie morgen in mein Schloss, da will ich sie auf die Probe stellen." Als nun das Mädchen zu ihm gebracht ward, führte er es in eine Kammer, die ganz voll Stroh lag, gab ihr Rad und Haspel und sprach: „‚Jetzt mache dich an die Arbeit, und wenn du diese Nacht durch bis morgen früh dieses Stroh nicht zu Gold versponnen hast, so musst du sterben." ▲

Urtext und Bearbeitung

Hier wird die lapidare Kürze des Urtexts durch allerlei Ergänzungen („eine Kunst, die mir wohlgefällt") verlassen; die summarisch raffende indirekte Rede wird durch ausführlichere wörtliche Rede ersetzt, Motivationen werden eingefügt („um sich ein Ansehen zu geben"), Einzelheiten ausgemalt („gab ihr Rad und Haspel"), der einfache parataktische Satzbau der Urfassung weicht häufig längeren und komplizierteren Satzgefügen.

Erwachsene und Kinder als Publikum

Die *Kinder- und Hausmärchen* sind – auch nach einer Äußerung Jacob Grimms – trotz ihres Titels nicht eigentlich für Kinder geschrieben, so wie die darin aufgenommene mündliche Erzähltradition von ganzen Familien als Publikum ausgeht, entsprechend den ländlichen Lebensbedingungen mit den damals beschränkten, meist auf einen Raum konzentrierten Heizungs- und Beleuchtungsmöglichkeiten. Als die Sammlung dann gerade bei Kindern großen Erfolg hatte, bestimmte auch das die Tendenz der Änderungen von der 2. Auflage an. Zurückgedrängt werden zwar nicht die für Märchen bezeichnenden grausamen Szenen, aber doch die gelegentlichen erotischen Anstößigkeiten; auch ein gewisses Element des Belehrens und Moralisierens kommt hinzu.

Die *Kinder- und Hausmärchen* der Gebrüder Grimm sind bei all ihrem scheinbar ursprünglichen Charme keine streng wissenschaftliche Dokumentation des im Volk erzählten Märchenguts, sondern ein *arrangiertes* und im Geist romantischer Annahmen und Visionen der Vergangenheit konstruiertes Buch.
Mit den Quellen wird weniger sorgfältig als unbefangen und großzügig umgegangen – ganz ähnlich dem Verfahren Arnims und Brentanos in *Des Knaben Wunderhorn*.

9 Prosa der Romantik

9.1 Novalis: *Heinrich von Ofterdingen* (1802) – Verklärtes Mittelalter

Die „blaue Blume" als Symbol der Romantik

Der großangelegte, durch den frühen Tod des Autors unvollendete, postum von seinem Freund Ludwig Tieck herausgegebene Roman über den historisch nicht fassbaren Minnesänger Heinrich von Ofterdingen ist einer der ersten großen und zugleich konsequentesten romantischen Texte und gehört zu den merkwürdigsten Werken der gesamten deutschen Literatur. Gleich die ersten Sätze des Romans sprechen von der *blauen Blume*, die dann zum beherrschenden Symbol der romantischen Sehnsucht geworden ist:

NOVALIS: *Heinrich von Ofterdingen, 1. Kapitel*
Die Eltern lagen schon und schliefen, die Wanduhr schlug ihren einförmigen Takt, vor den klappernden Fenstern sauste der Wind; abwechselnd wurde die Stube hell von dem Schimmer des Mondes. Der Jüngling lag unruhig auf seinem Lager, und gedachte des Fremden und seiner Erzählungen. „Nicht die Schätze sind es, die ein so unaussprechliches Verlangen in mir geweckt haben", sagte er zu sich selbst; „fernab liegt mir alle Habsucht: aber die blaue Blume sehn ich mich zu erblicken. Sie liegt mir unaufhörlich im Sinn, und ich kann nichts anders dichten und denken. So ist mir noch nie zumute gewesen: es ist, als hätt ich vorhin geträumt, oder ich wäre in eine andere Welt hinübergeschlummert; denn in der Welt, in der ich sonst lebte, wer hätte da sich um Blumen bekümmert, und gar von einer so seltsamen Leidenschaft für eine Blume hab ich damals nie gehört. (...)" Der Jüngling verlor sich allmählich in süßen Fantasien und entschlummerte. ▲

Heinrichs Reise in die Welt

Nachdem die Berichte des Fremden, der mit Kaufleuten zu Gast bei Heinrichs Vater im thüringischen Eisenach war, in ihm eine Sehnsucht nach der Ferne geweckt haben, führt die Handlung des Romans den jungen Heinrich durch eine verklärt gesehene mittelalterliche Welt, zunächst mit Handelsherren nach Augsburg. Er lernt die Folgen der Kreuzzüge durch eine trauernde arabische Gefangene kennen, das (für die Romantik so faszinierende) Reich des Unterirdischen durch einen alten Bergmann. Die auf magische Weise historisch-gegenwärtige, Figuren der Geschichte ebenso wie auch zuletzt Heinrich selbst spiegelnde Welt in der verborgenen Höhle unter Tage hat weitreichende Wirkung auf spätere Autoren gehabt: Wilhelm Hauff im spätromantischen Roman *Lichtenstein* bietet dazu eine schon biedermeierlich gefärbte Variante, und selbst noch Michael Endes *Unendliche Geschichte* macht hier unverblümt Anleihen. Heinrich kommt schließlich zu dem Dichter Klingsohr, der ihn mit dem allegorischen Märchen von Eros und Fabel in das tiefste Wesen der Poesie einweiht und zu dessen Tochter Mathilde Heinrich eine tiefe Liebe erfasst. An den verschiedenen Stationen, die Heinrich im I. Teil des Romans – *Die Erwartung* benannt – durchmisst, erkennt man, dass Novalis im Grund ein romantisches Gegenstück zu Goethes *Wilhelm Meister* vorschwebt; hatte die Romantiker an Goethes Roman die Auflösung in eine bürgerliche Existenz gestört (vgl. S. 9), so soll jetzt Heinrichs Weg konsequent in eine höhere Welt der Kunst und der Liebe führen.

Geplanter Schluss des Romans

Der II. Teil sollte nach Novalis' Plan „Die Erfüllung" heißen. Von ihm kamen nur noch wenige Seiten Text zustande. Sie zeigen Heinrich, offenbar nach Mathildes Tod, als tief bewegten Pilger wieder vor Augsburg. Aus Novalis' Entwürfen und aus Tiecks Herausgeber-Bericht weiß man, dass Heinrich noch durch weitere Welten und Zeiten geführt werden sollte, schließlich bis zur Teilnahme an dem sagenhaften Sängerwettstreit auf der Wartburg. Über den geplanten Schluss teilt Tieck mit:

„Dieses ist der letzte Akt Heinrichs auf Erden, der Übergang zu seiner eignen Verklärung. Dieses ist die Auflösung des ganzen Werks, die Erfüllung des Märchens, welches den ersten Teil beschließt. Auf die übernatürlichste und zugleich natürlichste Weise wird alles erklärt und vollendet, die Scheidewand zwischen Fabel und Wahrheit, zwischen Vergangenheit und Gegenwart ist eingefallen: Glauben, Fantasie, Poesie schließen die innerste Welt auf. (…) Er findet die blaue Blume, es ist Mathilde, die schläft und den Karfunkel hat, ein kleines Mädchen, sein und Mathildens Kind, sitzt bei einem Sarge, und verjüngt ihn. – ‚Dieses Kind ist die Urwelt, die goldne Zeit am Ende'."

Und in den nachgelassenen Notizen des schon todkranken Novalis heißt es noch:

„Der Schluss ist Übergang aus der wirklichen Welt in die geheime – Tod – letzter Traum und Erwachen. Überall muss hier schon das Überirdische durchschimmern – Das Märchenhafte."

Wirkung des Romans

Von dem überall an die Grenzen von Innen und Außen, Traum und Realität verwischenden, dabei intensiv wirkenden Erzählstil des *Heinrich von Ofterdingen* wird der Leser in einen unwiderstehlichen Sog hineingezogen. Die Faszination, die davon ausgeht, wurde schon von den Zeitgenossen empfunden, zum Teil auch bei Romantikern mit Ablehnung quittiert. Brentano schreibt an Arnim am 8.10.1802: „Über Ofterdingen denke ich wie du, alle Figuren sind drin mit Fischschwänzen, Alles Fleisch ist Lachs drinn, ich empfinde einen seltsamen phisischen Ekel es zu lesen (…) Man weiß nicht mehr wo man dran ist mit alle dem Zeug." Und Heine urteilt in *Die romantische Schule*: „Der Rosenschein in den Dichtungen des Novalis ist nicht die Farbe der Gesundheit, sondern der Schwindsucht (…)."

Heinrichs Traum

Gesund oder krankhaft – was jedenfalls unbezweifelbar bleibt, ist die fast magische, auf surrealistische Eingebungen vorausweisende, dabei mit scheinbar ganz einfachen Mitteln erreichte sprachliche Eindringlichkeit, die Novalis an vielen Stellen seines fragmentarischen Romans erreicht. So etwa in dem von Todessymbolen erfüllten Traum Heinrichs vom Ende des 6. Kapitels:

NOVALIS: *Heinrich von Ofterdingen, 6. Kapitel*
Ein tiefer blauer Strom schimmerte aus der grünen Ebene herauf. Auf der glatten Fläche schwamm ein Kahn. Mathilde saß und ruderte. Sie war mit Kränzen geschmückt. Sang ein einfaches Lied, und sah nach ihm mit süßer Wehmut herüber. Seine Brust war beklommen. Er wusste nicht warum. Der Himmel war heiter, die Flut ruhig. Ihr himmlisches Gesicht spiegelte sich in den Wellen. Auf einmal fing der Kahn an sich umzudrehen. Er rief ihr ängstlich zu. Sie lächelte und legte das Ruder in den Kahn, der sich immerwährend drehte. Eine ungeheure Bangig-

keit ergriff ihn. Er stürzte sich in den Strom; aber er konnte nicht fort, das Wasser trug ihn. Sie winkte, sie schien ihm etwas sagen zu wollen, der Kahn schöpfte schon Wasser; doch lächelte sie mit einer unsäglichen Innigkeit, und sah heiter in den Wirbel hinein. Auf einmal zog es sie hinunter. Eine leise Luft strich über den Strom, der ebenso ruhig und glänzend floss, wie vorher. Eine entsetzliche Angst raubte ihm das Bewusstsein. Das Herz schlug nicht mehr. Er kam erst zu sich, als er sich auf trocknem Boden fühlte. Er mochte weit geschwommen sein. Es war eine fremde Gegend. Er wusste nicht, wie ihm geschehen war. Sein Gemüt war verschwunden. Gedankenlos ging er tiefer ins Land. Entsetzlich matt fühlte er sich. Eine kleine Quelle kam aus einem Hügel, sie tönte wie lauter Glocken. Mit der Hand schöpfte er einige Tropfen und netzte seine dürren Lippen. Wie ein banger Traum lag die schreckliche Begebenheit hinter ihm. (...) ▲

Ein Erzählen, das alle jähen Bewegungen vermeidet (Heinrichs Stürzen in den Strom wird von diesem gerade *nicht angenommen*!). Alles bleibt zuständlich oder doch durativ, spielt sich in gespenstischer Stille und eigentlich fast nur im Inneren ab: drängende Gefühle, Blicke, Spiegelungen, und all das bei ganz unbestimmten räumlichen Grenzen. Das Gezogenwerden, das den ganzen Roman untergründig bestimmt, gibt auch diesem Traumbild seine besondere Intensität.

> Novalis' unvollendeter *Heinrich von Ofterdingen*, neben Ludwig Tiecks *Franz Sternbalds Wanderungen* und Clemens Brentanos *Godwi* der bedeutendste Roman der Frühromantik, stellt in Abgrenzung zum klassischen Bildungsroman den Weg eines empfänglichen poetischen Jünglings in eine zeitenthobene Welt jenseits der Realität dar, in der sich Züge einer verklärten Vergangenheit mit denen einer utopischen zukünftigen Harmonie mischen.

9.2 Ludwig Tieck: *Der Runenberg* (1802) – Sog des Unterirdischen

Der einsame Jäger im Wald

Nach eigener Bekundung schrieb Ludwig Tieck – bis zu seiner romantischen Wendung als äußerst produktiver Unterhaltungsschriftsteller tätig – den frühen romantischen Text *Der Runenberg* 1802 in einer einzigen Nacht nieder. Hauptfigur der kurzen Erzählung ist ein „junger Jäger" mit Namen Christian, von Beginn an als Melancholiker gezeichnet. So sitzt er „im innersten Gebirge nachdenkend", im „Rauschen der Gewässer und des Waldes in der Einsamkeit". Die Natur spricht in rätselvoller Weise zu ihm:

„Er hörte auf die wechselnde Melodie des Wassers, und es schien, als wenn ihm die Wogen in unverständlichen Worten tausend Dinge sagten, die ihm so wichtig waren, und er musste sich innig betrüben, dass er ihre Reden nicht verstehen konnte."

Darin liegt Lockung, aber zunehmend auch Bedrohung:

„Indem es finstrer wurde und der Bach lauter rauschte und das Geflügel der Nacht seine irre Wanderung mit umschweifendem Fluge begann, saß er noch immer missvergnügt und in sich

versunken; er hätte weinen mögen, und er war durchaus unentschlossen, was er tun und vornehmen solle."

Als der Jäger dann eine Wurzel aus der Erde zieht, „hörte er erschreckend ein dumpfes Winseln im Boden, das sich unterirdisch in klagenden Tönen fortzog und erst in der Ferne wehmütig verscholl" – die sagenhafte *Alraunwurzel* des Volksglaubens, die in romantischer Dichtung häufig auftaucht und die dämonische Seite der Natur signalisiert. Zugleich steht hinter Christian plötzlich ein fremder Mann, der ihm den Weg aus der unwirtlichen Einsamkeit zu zeigen verspricht. Ihm (und damit dem Leser) erzählt der Jäger, was ihn beschäftigt: Er hat die geordnete Welt des Elternhauses verlassen, in der ihn sein Vater zum Gärtner erziehen wollte, und dann bei einem alten Förster das Jagen erlernt:

„Bald verlor ich die Ebene hinter mir aus dem Gesichte, die Waldströme rauschten mir entgegen, Buchen und Eichen brausten mit beweglichem Laube von steilen Abhängen herunter; mein Weg führte mich an schwindlichten Abgründen vorüber, blaue Berge standen groß und ehrwürdig im Hintergrund."

Christians Vision im Gebirge

Gegen das flache Leben in der Ebene stehen also, wie in dieser Erzählung immer wieder, die unermesslichen Höhen und geheimnisvollen Tiefen! – Der fremde Mann, der von sich sagt, „die Erze sind meine Nachbarn, die Berggewässer erzählen mir Wunderdinge in der Nacht", trennt sich nun von dem Jäger, zeigt ihm aber noch in der Ferne – inzwischen ist der Mond aufgegangen und verströmt sein bleiches Licht – den geheimnisvollen Runenberg. (*Runen*, von dem gotischen Wort *runa* = Geheimnis abgeleitet, sind alte germanische Schriftzeichen; das Wort hängt zusammen mit dem heutigen *raunen* = geheimnisvoll flüstern, aber auch mit der *Alraun*wurzel.) – Der Jäger erreicht diesen Berg auf gefährlichen Wegen und erblickt in einem alten Gemäuer eine seltsame Frauengestalt:

LUDWIG TIECK: *Der Runenberg*

Plötzlich sah er ein Licht, das sich hinter dem alten Gemäuer zu bewegen schien. Er sah dem Scheine nach und entdeckte, dass er in einen alten geräumigen Saal blicken konnte, der wunderlich verziert von mancherlei Gesteinen und Kristallen in vielfältigen Schimmern funkelte, die sich geheimnisvoll von dem wandelnden Lichte durcheinander bewegten, welches eine große weibliche Gestalt trug, die sinnend im Gemache auf und nieder ging. Sie schien nicht den Sterblichen anzugehören, so groß, so mächtig waren ihre Glieder, so streng ihr Gesicht, aber doch dünkte dem entzückten Jünglinge, daß er noch niemals solche Schönheit gesehn oder geahndet habe. Er zitterte und wünschte doch heimlich, dass sie zum Fenster treten und ihn wahrnehmen möchte. Endlich stand sie still, setzte das Licht auf einen kristallenen Tisch nieder, schaute in die Höhe und sang mit durchdringlicher Stimme:

„Wo die Alten weilen,
Dass sie nicht erscheinen?
Die Kristallen weinen,

Von demantnen Säulen
Fließen Tränenquellen,
Töne klingen drein;
In den klaren, hellen,
Schön durchsicht'gen Wellen
Bildet sich der Schein,
Der die Seelen ziehet,
Dem das Herz erglühet. (...)"

Als sie geendigt hatte, fing sie an sich zu entkleiden und ihre Gewänder in einen kostbaren Wandschrank zu legen. Erst nahm sie einen goldenen Schleier vom Haupte, und ein langes, schwarzes Haar floss in geringelter Fülle bis über die Hüften hinab; dann löste sie das Gewand des Busens, und der Jüngling vergaß sich und die Welt im Anschauen der überirdischen Schönheit. Er wagte kaum zu atmen, als sie nach und nach alle Hüllen löste; nackt schritt sie endlich im Saale auf und nieder, und ihre schweren, schwebenden Locken bildeten um sie her ein dunkel wogendes Meer, aus dem wie Marmor die glänzenden Formen des reinen Leibes abwechselnd hervorstrahlten. Nach geraumer Zeit näherte sie sich einem andern goldenen Schranke, nahm eine Tafel heraus, die von vielen eingelegten Steinen, Rubinen, Diamanten und allen Juwelen glänzte, und betrachtete sie lange prüfend. Die Tafel schien eine wunderliche, unverständliche Figur mit ihren unterschiedlichen Farben und Linien zu bilden; zuweilen war, nachdem der Schimmer ihm entgegenspiegelte, der Jüngling schmerzhaft geblendet, dann wieder besänftigten grüne und blau spielende Scheine sein Auge: er aber stand, die Gegenstände mit seinen Blicken verschlingend und zugleich tief in sich selbst versunken. ▲

Angst und Lockung

Der Zwiespalt von Angst und Lockung prägt diese visionäre Schau des jungen Jägers, der hier in die rätselhaften Tiefen der Natur blickt. Wie so oft in romantischen Texten (etwa Novalis' *Heinrich von Ofterdingen*, E.T.A. Hoffmanns *Der goldne Topf*) ist das mit der Faszination durch eine geheimnisvolle Schrift verbunden. Aber auch eine bedenkliche Form des Religiösen, verbunden mit einer dämonischen weiblichen Figur wie in Eichendorffs *Marmorbild*, kommt ins Spiel:

„Er kannte sich nicht wieder und erschrak, dass die Schöne das Fenster öffnete, ihm die magische steinerne Tafel reichte und die wenigen Worte sprach: ‚Nimm dieses zu meinem Angedenken!' Er fasste die Tafel und fühlte die Figur, die unsichtbar sogleich in sein Inneres überging, und das Licht und die mächtige Schönheit und der seltsame Saal waren verschwunden."

Was hier geschieht, ist nichts anderes als eine Anspielung auf das christliche Abendmahl. „Tut dies zu meinem Andenken." sind die Worte Christi; und wie ein – pervertiertes! – Sakrament nimmt der Jäger die dämonische Botschaft auf!

Gegensatz zweier Welten

Damit sind die beherrschenden Motive für den Fortgang der Erzählung gesetzt. Das Widerspiel zweier Sphären, der des wehmütig erinnerten normalen, *heilen* Lebens und der des grandiosen, aber kalten Reichs des Anorganischen, ja des seelenlos Kristallinen bestimmt nun alles, was geschieht: Nachdem die Sonne (!) aufgegangen ist und das bleiche Licht des Mondes abgelöst hat, versetzt die Erzählung den Jäger in eine völlig gegensätzliche Episode, die ganz von der Gefühlswelt echter Religiosität – Erntedankfest, Kirchgang, inbrünstiger Gesang, Orgelklänge – erfüllt ist. Er lernt das Mädchen Elisabeth kennen, beginnt als Gärtner (!) bei ihrem Vater zu arbeiten, heiratet die Tochter, hat mit ihr ein Kind und „fühlte sich ganz einheimisch und befriedigt". Er holt nun seinen inzwischen verwitweten Vater zu sich in seine rasch wachsende Familie. Nach Jahren aber erscheint im Dorf und in Christians Haus ein Fremder, „ein freundlicher, gesprächiger Mann", der sich dann aufmacht ins Gebirge – „ein zaubervolles Bild, dem ich nicht widerstehen kann, lockt mich"; wenn er nicht wiederkomme, solle Christian sein in Verwahrung gegebenes Geld behalten. Mit diesem verwahrten Geld (der Vater bezeichnet es als „dieses verfluchte Metall") gerät Christian wieder in den Bann des dämonischen Stein- und Metallreichs und vermag in Erinnerung an das im Gebirge einstmals erlebte Zucken der Alraune seine jetzige Existenz nur noch als Verderbnis zu sehen:

„ich erinnere mich ganz deutlich, dass mir eine Pflanze zuerst das Unglück der ganzen Erde bekanntgemacht hat, seitdem verstehe ich erst die Seufzer und Klagen, die allenthalben in der ganzen Natur vernehmbar sind, wenn man nur darauf hören will; in den Pflanzen, Kräutern, Blumen und Bäumen regt und bewegt sich schmerzhaft nur eine große Wunde, sie sind der Leichnam vormaliger herrlicher Steinwelten, sie bieten unserm Auge die schrecklichste Verwesung dar."

Zur Wiederkehr des Erntedankfestes verlässt Christian nun seine Familie vor der Kirchentür und macht sich wieder auf ins Gebirge, begegnet dort einem hässlichen Waldweib, das er aber aus dem Blick verliert, als er an ihr „den goldenen Schleier, den hohen Gang, den mächtigen Bau der Glieder" der Frau vom Runenberg zu erkennen glaubt. Er stößt auf etwas Glänzendes am Boden und findet die seinerzeit auf dem Weg ins Dorf verlorene „magische Tafel" wieder.

Rückkehr im Wahnsinn

Nach Jahren sind Christians Vater und seine Schwiegereltern gestorben, seine Frau Elisabeth hat nach Jahren der Trauer um den verschollenen Mann „einem jungen, heitern Manne, der sie von Jugend auf geliebt hatte", das Jawort gegeben. Da erscheint vom Gebirge her ein verwahrloster Alter, der in einem schweren Sack, wie er sagt, kostbare Schätze mitbringt. Diese erweisen sich jedoch als wertlose Kiesel- und andere Steine. Der Alte, der ganz in seiner Wahnwelt lebt, gibt sich zu erkennen und kehrt dann für immer ins Gebirge zurück – „dort im Walde wartet schon meine Schöne, die Gewaltige, auf mich, die mit dem goldenen Schleier geschmückt ist".

Naturwissenschaftlicher Hintergrund

Tiecks *Erzählung* (diese relativ unbestimmte Gattungsbezeichnung erscheint in Ermangelung einer von Tieck autorisierten wohl am sinnvollsten, auch wenn Züge des Märchenhaften und des Novellistischen im Spiel sind, wie so oft in der Romantik) ist entstanden unter dem Einfluss der spekulativen naturwissenschaftlichen Ideen des mit ihm befreundeten Norwegers Henrik Steffens, der in seinen Lebenserinnerungen über sein Erleben der Gebirgssteine berichtet:

„Die Tränen stürzten mir aus den Augen; es war mir, als wenn das Innerste der Erde seine geheimnisvollste Werkstatt mir eröffnet hätte; als wäre die fruchtbare Erde, mit ihren Blumen und Wäldern, eine zwar anmutige, aber leichte Decke, die unergründliche Schätze verbarg, als wäre sie hier zurückgezogen, abgestreift, um mich in die wunderbare Tiefe hinabzuziehen, die sich eröffnete." (H. Steffens: Was ich erlebte, Breslau 1841, Bd. III, S. 23)

Von hier aus teilt sich die Faszination des Unterirdischen den Romantikern mit und wird etwa in Novalis' *Heinrich von Ofterdingen* oder in E.T.A. Hoffmanns *Die Bergwerke von Falun* gestaltet. Ludwig Tieck hat im *Runenberg* daraus in mächtigen Bilder und Gegenbildern eine intensive und suggestive Erzählwelt geschaffen, in der das Hinabsteigen in das Abgründige der Natur mit dem Gang in die halbbewussten Tiefen des Ich untrennbar verwoben ist.

Ludwig Tiecks Erzählung *Der Runenberg* ist eine exemplarische Gestaltung der dämonischen Seite des romantischen Bilds der Natur, die in völliger Umkehrung des „harmonischen" Naturbilds der Aufklärung als ein faszinierender, aber undurchschaubarer Ort geheimnisvoller und gefährlicher Kräfte erscheint.
Indem sich der Mensch – nach einem für romantische Erzählfiguren typischen Hin- und Hergerissensein zwischen der normalen und der fantastischen Welt – in diese Tiefen hineinziehen lässt, reißt er sich aus allen sozialen Bezügen heraus und liefert sich letzten Endes dem Wahnsinn aus.

9.3 E.T.A. Hoffmann: *Der goldne Topf* (1814) – Fantasiewelt im Alltag

Hoffmanns „Märchen aus der neuen Zeit" erschien 1814 in der Sammlung *Fantasiestücke in Callots Manier*. Die Berufung auf den lothringischen Kupferstecher und Radierer Jacques Callot (1592–1635) mit seiner Freude an der Verzerrung und seinen grotesken Mischwesen aus Mensch und Tier, aber auch schon die Zuordnung der *goldenen* Farbe zu dem Alltagsrequisit *Topf* und das Zusammenbringen eines *Märchens* mit der *neuen Zeit* signalisieren von Anfang an, dass hier ein tolles Spiel mit den widersprüchlichsten Mächten getrieben werden soll.

Traumwelt in Dresden

Mittelpunktsfigur ist der Student Anselmus, dessen Beziehungen zu seiner bürgerlichen Umwelt (sie wird äußerst „realistisch" im zeitgenössischen Dresden mit seinen bekannten Schauplätzen situiert) von Anfang an durch anfallartig auftretende Züge der praktischen Lebensunfähigkeit und des Ungeschicks gefährdet sind. Der weitere Ablauf des Märchens zwingt den Leser aber immer wieder zu einem Wechsel der Perspektive: Anselmus' linkisches Benehmen im Alltag erscheint zunehmend als die Kehrseite dessen, was ihn über seine Mitmenschen hinaushebt, seines kindlich-poetischen Gemüts, das ihm höhere Geheimnisse aufschließt, wo seine bürgerliche Umwelt, die Konrektoren, Registratoren und ihre heiratsfähigen Töchter, nur abgeschmackte Überspanntheiten wahrnehmen. Je mehr nun Anselmus in den Bann seiner Fantasien gerät, desto unverständlicher wird sein Verhalten für die prosaischen Menschen um ihn herum. Am Ende der ersten *Vigi-*

lie (so sind die Kapitel des Werks benannt – *Nachtwachen* als Erzählabschnitte sind alte Märchentradition!) erschließt sich dem Studenten, der unter einem Holunderbaum ausruht, eine höhere Welt in so immateriellen Zeichen wie Windhauch, Düften, Akkorden von Kristallglocken und im Anblick goldgrüner Schlänglein. Und so beginnt die zweite Vigilie:

„‚Der Herr ist wohl nicht recht bei Troste!' sagte eine ehrbare Bürgersfrau, die vom Spaziergange mit der Familie heimkehrend, still stand und mit übereinandergeschlagenen Armen dem tollen Treiben des Studenten Anselmus zusah."

Anselmus als Grenzgänger

Anselmus, hier schockartig in den Alltag zurückgerissen, entzündet sich gleichwohl immer wieder für seine fantastischen Sehnsüchte. Er hält sie mit steigender innerer Sicherheit fest. Sie machen ihn aber für die umgebenden Figuren zu einem unkalkulierbaren Gesellen. Schließlich übernimmt er eine merkwürdige Schreibarbeit – es geht um das Kopieren orientalischer Manuskripte – für den geheimnisvollen Archivarius Lindhorst. Er gleitet in der Folge aus der Welt der Konrektoren und Registratoren zunehmend hinüber in das fremdartige Traum- und Feenreich, das sich ihm in den Räumen des Archivarius auftut. Von diesem selbst lässt uns das Märchen beiläufig wissen, dass er in Wahrheit ein Geisterfürst und Feuersalamander ist und „mit den Fingern feurige Schnippchen schlägt"!

Umschwünge

Wie der Titel des Märchens, *Der goldne Topf*, schon symbolisch das Erlesene und das Alltägliche zusammenzwingt, so gehört es zu Hoffmanns besonderer Kunst, dass über lange Zeit bei immer neuen überraschenden Umschwüngen der Leser in dem Zwiespalt festgehalten wird, aus dem sich auch die Erzählfigur Anselmus erst befreien muss. Einmal kommt ihm der ganze naturmythische Zauber mit seinen belebten Lilien, goldgrünen Schlänglein und wispernden Windspielen so wie dem Registrator Heerbrand als „orientalischer Schwulst" vor. Dann wieder lässt er sich ein auf den Sog der geheimnisvollen Mächte und geht mit Anselmus den Weg von bürgerlichen Aufstiegsträumen zur Ahnung einer höheren Existenz in einem Reich über dieser Welt, in der alle Sehnsucht erfüllt wird; von der greifbar nahen Verbindung mit der Konrektorstochter Veronika, die den Anselmus heiraten will, „wenn er Hofrat worden", zur geheimnisvollen Vereinigung mit dem goldgrünen Schlänglein Serpentina. Die Übergänge zwischen Wirklichkeit und Fantasiewelt gestaltet Hoffmann (der ja selbst in seinem Leben mehrfach zwischen Amts- und Künstlerexistenz gewechselt hat!) mit größter erzähltechnischer Virtuosität – so etwa in der vierten Vigilie, als sich der Archivarius von Anselmus entfernt:

E. T. A. HOFFMANN: *Der goldne Topf, 4. Vigilie*

Der Archivarius hatte dem Studenten Anselmus ein kleines Fläschchen mit einem goldgelben Likör gegeben, und nun schritt er rasch von dannen, so, dass er in der tiefen Dämmerung, die unterdessen eingebrochen, mehr in das Tal hinabzuschweben als zu gehen schien. Schon war er in der Nähe des Kosel'schen Gartens, da setzte sich der Wind in den weiten Überrock und trieb die Schöße auseinander, dass sie wie ein Paar große Flügel in den Lüften flatterten, und es dem Studenten Anselmus, der verwunderungsvoll dem Archivarius nachsah, vorkam, als breite ein großer Vogel die Fittiche aus zum raschen Fluge. – Wie der Student nun so in die Dämmerung hineinstarrte, da erhob sich mit krächzendem Geschrei ein weißgrauer Geier hoch in die Lüfte, und er merkte nun wohl, dass das weiße Geflatter, was er noch immer für den davonschreitenden Archivarius gehalten, schon eben der Geier gewesen sein müsse, unerachtet er nicht begreifen konnte, wo denn der Archivarius mit einem Mal hingeschwunden. ▲

Gestaltung der Übergänge

Aufschlussreich ist hier der Vergleich mit einem Volksmärchen. Dort sind ja Verwandlungen zwischen Menschen und Tier ein häufiges Motiv. So heißt es etwa in der Urfassung des Märchens vom „Froschkönig" bei den Brüdern Grimm, als die Königstochter den Frosch voll Ekel an die Wand wirft:

„Aber der Frosch fiel nicht tot herunter, sondern wie er herab auf das Bett kam, da war's ein schöner junger Prinz. Der war nun ihr lieber Geselle, und sie hielt ihn wert wie sie versprochen hatte, und sie schliefen vergnügt zusammen ein."

Die Verwandlung geschieht hier völlig überraschend und wird gleichwohl als ganz selbstverständlich akzeptiert. Welche raffinierte Kunst des „verwischten" Übergangs dagegen in Hoffmanns Kunstmärchen! Die Trübung des Blicks durch die Dämmerung, das Auseinanderspreizen der Rockschöße durch den Wind, die vorsichtige Relativierung von Anselmus' Wahrnehmungen durch Verben wie „schien" und „vorkam"; und dann die zögernde Identifikation des Geiers mit dem Archivarius, immer noch mit dem Gegengewicht des Nichtbegreifenkönnens beschwert … Mit großer Kunst beglaubigt Hoffmann die fantastischen Wendungen, indem er – ganz anders als im Volksmärchen – die skeptischen Vorbehalte des modernen, „vernünftigen" Menschen im Bild belässt.

Erscheinungsformen der Fantasiewelt

Mit seiner idealen Geliebten Serpentina – die reale Veronika bekommt ihren Hofrat, er heißt nur nicht Anselmus, sondern Heerbrand! – zieht sich Anselmus am Ende der elften Vigilie und nach allerhand haarsträubenden Verwicklungen auf ein „Rittergut" in dem Traumreich Atlantis, das heißt aber auch aus der Dresdener Bürgerwelt, ja sogar aus dem Märchen zurück. Es ist nun interessant (und rührt an die tiefsten Darstellungsprobleme der Romantik!), wie dieses höhere Reich Atlantis in der Dresdener Welt des Märchens, die es ja gerade übersteigt, in Erscheinung tritt. Dies geschieht einerseits in sprachlicher Form, so etwa in der ersten Vision des Anselmus unter dem Holunderbaum:

E. T. A. HOFFMANN: *Der goldne Topf, 1. Vigilie*

Da fing es an zu flüstern und zu lispeln und es war, als ertönten die Blüten wie aufgehangene Kristallglöckchen. Anselmus horchte und horchte. Da wurde, er wusste selbst nicht wie, das Gelispel und Geflüster und Geklingel zu leisen halbverwehten Worten:

„Zwischen durch – zwischen ein – zwischen Zweigen, zwischen schwellenden Blüten, schwingen, schlängeln, schlingen wir uns – Schwesterlein – Schwesterlein, schwinge dich im Schimmer – schnell, schnell herauf – herab – Abendsonne schießt Strahlen, zischelt der Abendwind – raschelt der Tau – Blüten singen – rühren wir Zünglein, singen wir mit Blüten und Zweigen – Sterne bald glänzen – müssen herab – zwischen durch, zwischen ein schlängeln, schlingen, schwingen wir uns, Schwesterlein. – So ging es fort in sinneverwirrender Rede.“ ▲

Austritt aus der Bürgerwelt

Atlantis *spricht* also – aber in einer so mit Klangfiguren (Alliterationen, Assonanzen) aufgeladenen, rhythmisierten Sprache, dass der Abstand zur Alltagssprache unüberbrückbar erscheint. Die tiefsten Botschaften aus Atlantis lassen sogar die Sprache ganz hinter sich und artikulieren sich nur in Windhauch, Schlängel- und Wellenbewegungen, Lichtstrahlen, Akkorden von Kristallglocken, Flötentönen. Dafür ist Anselmus' poetisches Gemüt empfänglich, nicht aber seine auf der Oberfläche bürgerlichen Treibens festgenagelte Umgebung. Anselmus kann sein inneres Erleben deshalb den anderen Figuren kaum mitteilen; schon dass er es versucht, trifft auf Unverständnis und führt ihn in die Isolation. Am Ende haben die beiden Welten – bürgerlicher Alltag hier in Dresden, poetisches Traumreich dort in Atlantis – den Kontakt verloren. Anselmus hält, wie man aus dritter Hand erfährt, Hof auf seinem Rittergut in Atlantis; die Bürgerwelt hat ihre Reihen geschlossen und hält alles, was sich ihr nicht eingliedert, für skandalöse Unvernunft.

Problem des Erzählschlusses

Eine der größten Kunstleistungen Hoffmanns besteht nun darin, dass er für diese Lösung einen überzeugenden Schluss findet. Die erzähltechnische Aufgabe ist ja extrem schwierig: Anselmus entzieht sich zuletzt der Befangenheit im Endlichen auf sein Rittergut in Atlantis – die Märchenerzählung kann ihm aber dorthin nicht folgen, schon weil ihre Sprache dafür nicht ausreicht. Sie bleibt also in der irdischen Welt verhaftet. Am Ende benennt der Erzähler dieses Problem:

E. T. A. HOFFMANN: *Der goldne Topf*
Wie fühlte ich recht in der Tiefe des Gemüts die hohe Seligkeit des Studenten Anselmus, der mit der holden Serpentina innigst verbunden, nun nach dem geheimnisvollen wunderbaren Reiche gezogen war, das er für die Heimat erkannte, nach der sich seine von seltsamen Ahnungen erfüllte Brust schon so lange gesehnt. Aber vergebens blieb alles Streben, dir, günstiger Leser, all die Herrlichkeiten, von denen der Anselmus umgeben, auch nur einigermaßen in Worten anzudeuten. Mit Widerwillen gewahrte ich die Mattigkeit jedes Ausdrucks. Ich fühlte mich befangen in den Armseligkeiten des kleinlichen Alltagslebens, ich erkrankte in quälendem Missbehagen, ich schlich umher wie ein Träumender, kurz, ich geriet in jenen Zustand des Studenten Anselmus, den ich dir, günstiger Leser! in der vierten Vigilie beschrieben. Ich härmte mich recht ab, wenn ich die elf Vigilien, die ich glücklich zustande gebracht, durchlief, und nun dachte, dass es mir wohl niemals vergönnt sein werde, die zwölfte als Schlussstein hinzuzufügen (...). ▲

Hervortreten des Erzählers

In dieser Schwierigkeit, die zwölfte (!) Vigilie und damit die Symbolzahl der Vollendung zu erreichen, ist das Dilemma der romantischen Dichtung ins Werk selbst – das sich als solches in sich spiegelt, indem die früheren Vigilien in der letzten erwähnt werden – aufgenommen. So wird mit romantischer Ironie das Scheitern zum Denkmal für die Größe des Unterfangens gemacht. Die letzten Worte, gesprochen von dem aus dem Erzählwerk sozusagen heraustretenden Archivarius Lindhorst, weisen den verzagenden Erzähler wie zugleich den Leser auf den Berührungspunkt hin, in dem der Abglanz von Atlantis das irdische Leben erreicht:

E. T. A. HOFFMANN: *Der goldne Topf, 11. Vigilie*
Da klopfte mir der Archivarius Lindhorst leise auf die Achsel und sprach: „Still, still, Verehrter! klagen Sie nicht so! – Waren Sie nicht soeben selbst in Atlantis und haben Sie denn nicht auch dort wenigstens einen artigen Meierhof als poetisches Besitztum Ihres innern Sinns? – Ist denn überhaupt des Anselmus Seligkeit etwas anderes als das Leben in der Posie, der sich der heilige Einklang aller Wesen als tiefstes Geheimnis der Natur offenbaret?" ▲

Das grundsätzliche Dilemma des romantischen Autors, der ja die „Darstellung des Unendlichen" (Fr. Schlegel) will und so das „Ahnen" an die Stelle begrifflicher Gewissheit setzen muss, findet in *Der goldne Topf* eine radikale Lösung – die des *Rückzugs aus der Welt*. Einen triumphalen Rückzug, der ja nur für Dresden, nicht aber für Anselmus einen Verlust bedeutet, der deshalb *Erfüllung* und nicht etwa *Resignation* darstellt, eben weil die bürgerliche eine *entfremdete* und Atlantis die *wahre* Welt ist!

9.4 E. T. A. Hoffmann: *Der Sandmann* (1817) – Bedrohung aus dem Ich

Wechsel zwischen Normalität und Fantasiewelt

Hoffmanns Erzählung *Der Sandmann* erschien 1817 in der Sammlung der *Nachtstücke*. Obwohl auch hier, ausgehend vom Titel, Märchenmotive hineinspielen, handelt es sich nicht mehr wie bei *Der goldne Topf* um ein Märchen. Hauptfigur ist der Student Nathanael, eine Art unseliger Vetter des Anselmus. Traumatisiert durch eine grausige Geschichte vom Sandmann, der Kindern Sand in die Augen wirft, „dass sie blutig zum Kopf herausspringen", identifiziert er noch als Kind wahnhaft den mit seinem Vater verkehrenden zwielichtigen Advokaten Coppelius, dann als junger Mann den Wetterglashändler und Brillenmacher Coppola mit seinem übersteigerten Schreckbild des Sandmanns. Wie Anselmus durchläuft Nathanael im Zickzack die Spannweite zwischen Normalität und Fantasiewelt; wie bei Anselmus spiegelt sich das in den Beziehungen zu zwei Mädchenfiguren. Da ist die Braut Clara, die den dämonischen Kräften entgegenwirkt und sie als „Phantom unseres Ichs" erklärt; auf der anderen Seite Olimpia, die „auf seltsame Weise starr und seelenlos" erscheinende Tochter des Physikers Spalanzani, die Nathanael immer dann fasziniert, wenn er sich seinen düsteren Fantasien hingibt.

Spiel mit Lesererwartungen

Hoffmann erweist sich hier wie in *Der goldne Topf* als ein Meister im Suggerieren und Durchkreuzen von Lesererwartungen. Die naheliegende Parallelisierung Olimpias mit Serpentina und Claras mit Veronika in dem vorausgehenden Werk geht nämlich überraschend fehl. Serpentinas Liebe führt Anselmus nach Atlantis – dagegen erweist sich Olimpia in einer grotesken Szene als ein lebloser Automat und Nathanaels Liebe zu ihr als verblendete Selbsttäuschung, Anlass zu dem schweren Wahnsinnsanfall, der Nathanaels Selbstmord vorausgeht. Und auch Clara hat wenig gemeinsam mit der philiströsen Veronika, die den Anselmus heiraten will, „wenn er Hofrat worden". Das oft so naheliegende Klischee von der Wendung der Romantiker gegen die Aufklärung (*Clara* trägt sie immerhin im Namen!) stimmt hier nicht: Vielmehr erhält Clara im Text die „lebenskräftige Fantasie des heitern, unbefangenen, kindischen Kindes, ein tiefes weibliches Gemüt, einen gar hellen scharf sichtenden Verstand" zugesprochen. Ihr Wort an Nathanael, wonach „alles Entsetzliche und Schreckliche, wovon du sprichst, nur in deinem Inneren vorging, die wahre wirkliche Außenwelt aber daran wohl wenig teilhatte", könnte ein rettender Hinweis sein. Warum kann ihn Nathanael nicht befolgen?

Nathanaels Ich-Befangenheit

Nathanael hat schon als Kind versucht, Coppelius zu belauschen; er lenkt seine Fantasie immer wieder auf die dämonischen Mächte; er kauft Coppola das Perspektiv ab, das ihm Olimpias Automatenhaftigkeit verschleiert; er selbst stürzt sich am Ende in einer fast surrealistischen Szene beim Anblick des Coppelius vom Turm – womit sich dessen letzte Bemerkung „... wartet nur, der kommt schon herunter von selbst" im ganz konkreten wie auch im tieferen Sinn erfüllt. Nathanael erscheint in extremer Weise auf sein Ich bezogen. Er selbst fühlt sich von Jugend auf als Dichter, jedoch zur Zeit der Erzählhandlung „waren seine Dichtungen düster, unverständlich, gestaltlos". Clara, die seine Dichtungen früher „mit dem innigsten Vergnügen anhörte", fühlt sich jetzt von ihnen abgestoßen. Ihre Langeweile und die Entfremdung beider ist die Folge. Dagegen wird Nathanaels Faszination durch die Puppe Olimpia in der Szene, als er ihr vorliest, gerade durch ihren Verzicht auf jede Antwort begründet: „... stundenlang sah sie mit starrem Blick unverwandt dem Geliebten ins Auge, ohne sich zu rücken und zu bewegen und immer glühender, immer lebendiger wurde dieser Blick". Und zu dem vormaligen Freund Siegmund, der ihn vorsichtig über Olimpias Leblosigkeit aufklären will, spricht Nathanael:

E. T. A. HOFFMANN: *Der Sandmann*

„Wohl mag euch, ihr kalten prosaischen Menschen, Olimpia unheimlich sein. Nur dem poetischen Gemüt entfaltet sich das gleich organisierte! – Nur mir ging ihr Liebesblick auf und durchstrahlte Sinn und Gedanken, nur in Olimpias Liebe finde ich mein Selbst wieder. (...) Sie spricht wenig Worte, das ist wahr; aber diese wenigen Worte erscheinen als echte Hieroglyphe der innern Welt voll Liebe und hoher Erkenntnis des geistigen Lebens in der Anschauung des ewigen Jenseits. Doch für alles das habt ihr keinen Sinn und alles sind verlorne Worte." ▲

Nathanael hat sich hier in seiner Selbstverfallenheit so weit von den anderen entfernt, dass keine Brücke mehr aus der Verschlüsselung zur „Hieroglyphe der innern Welt" herausführt, dass die Leblose zur idealen Zuhörerin wird. Anselmus' Rückzug aus der Welt im *Goldnen Topf* wird damit bei Nathanael im *Sandmann* zum Scheitern in der Welt, das beschwingte Fantasiestück zum düsteren Nachtstück, die *Selbstverherrlichung* zu einer fundamentalen *Selbstkritik* der Romantik.

Endstufe und Selbstkritik der Romantik

Als Endstufe der Romantik erweist sich *Der Sandmann* auch in erzähltechnischer Hinsicht. Nathanaels Weg führt nicht wie der des Anselmus nach Atlantis, sondern in Wahnsinn und Selbstvernichtung. Der Erzähler spielt auch hier mit der Not, das nicht mehr Mitteilbare mitzuteilen. Die Erzählung entfaltet sich zunächst in den einleitenden Briefen, die zwischen Nathanael, Clara und ihrem Bruder Lothar gewechselt werden und die Sichtweisen je einer Figur wiedergeben. Danach schaltet sich der Erzähler ein, indem er sich an den Leser wendet, ihn zum Vertrauten seiner Darbietungsprobleme macht und der Geschichte verschiedene Erzählanfänge „anprobiert". Wie in der 12. Vigilie im *Goldnen Topf* wird also mit romantischer Ironie das Problem des Erzählens in die Erzählung mit hinein genommen. Dabei macht sich der Erzähler Nathanaels Erfahrung der Sprachnot ausdrücklich zu eigen. Sie sind aber ganz anders akzentuiert als bei Anselmus. Die Träume von Atlantis sind ausgeträumt. Der Zugriff des nicht mehr Fassbaren steht jetzt unter dem Zeichen von Trug und Bedrohung. Und aus der zu Ende gehenden Erzählung zieht sich jetzt nicht wie im *Goldnen Topf* die Erzählfigur, sondern der Erzähler zurück! Dadurch spielt sich Nathanaels Absturz vom Turm als eine Szene von unheimlich scharfer Bildlichkeit ab. Dem Leser wird keine Orientierung gegeben: Das Geschehen bleibt ohne jede deutende Perspektivierung durch den Erzähler, der lediglich den abschließenden, aus zweiter Hand übernommenen Ausblick auf Claras weiteres Fortleben mit einer summarischen Wertung abschließt:

Rückzug des Erzählers

E. T. A. HOFFMANN: *Der Sandmann (Schluss)*

„Sieh doch den sonderbaren kleinen grauen Busch, der ordentlich auf uns loszuschreiten scheint", frug Clara. – Nathanael fasste mechanisch nach der Seitentasche; er fand Coppolas Perspektiv, er schaute seitwärts – Clara stand vor dem Glase! – Da zuckte es krampfhaft in seinen Pulsen und Adern – totenbleich starrte er Clara an, aber bald glühten und sprühten Feuerströme durch die rollenden Augen, grässlich brüllte er auf, wie ein gehetztes Tier; dann sprang er hoch in die Lüfte und grausig dazwischen lachend schrie er in schneidendem Ton: „Holzpüppchen dreh dich – Holzpüppchen dreh dich" – und mit gewaltiger Kraft fasste er Clara und wollte sie herabschleudern, aber Clara krallte sich in verzweifelter Todesangst fest an das Geländer. (…) Als Nathanael mit zerschmettertem Kopf auf dem Steinpflaster lag, war Coppelius im Gewühl verschwunden. –

Nach mehreren Jahren will man in einer entfernten Gegend Clara gesehen haben, wie sie mit einem freundlichen Mann, Hand in Hand vor der Türe eines schönen Landhauses saß und vor ihr zwei muntre Knaben spielten. Es wäre daraus zu schließen, dass Clara das ruhige häusliche Glück noch fand, was ihrem heitern lebenslustigen Sinn zusagte und das ihr der im Innern zerrissene Nathanael niemals hätte gewähren können. ▲

E.T.A. Hoffmanns Erzählung *Der Sandmann* zeigt die unheimlichen Seiten der Romantik – die Gefährdung, die im absolut gesetzten Ich liegt. Durch ihre erzählerische Meisterschaft gehört sie zu seinen wichtigsten Werken. Jacques Offenbach hat die Figur der Puppe Olimpia in einer Episode seiner Oper *Hoffmanns Erzählungen* musikalisch wirkungsvoll auf die Bühne gebracht.

9.5 Joseph von Eichendorff: *Das Marmorbild* (1819) – Heidnische Dämonie

Themen und Motive

Joseph von Eichendorffs „Novelle oder Märchen“, wie der Autor mit der für die Romantik bezeichnenden unsicheren Gattungszuordnung den Text nennt, entstand 1819 und wurde zwei Jahre später erstmals publiziert. Der Autor versammelt darin zahlreiche Themen und Motive der Romantik: Es geht um mittelalterliche Sagen (Tannhäuser, Venusberg) als stoffliche Grundlage, um die Problematik und Gefährdung eines künstlerisch empfindenden jungen Menschen, um den Gegensatz einer fröhlichen Tages- und einer bedrohlichen Nachtwelt, um Wachsein und Traum, schließlich um die Ambivalenz der erotischen Verlockung, die eine positiv lebenszugewandte, aber auch eine dämonische Seite hat.

Schauplatz und Anlage der Handlung

Schauplatz ist die italienische Stadt Lucca und ihre Umgebung, in der Novelle immer im Wechsel Ort fröhlichen und geselligen Volkstreibens, aber auch nächtlicher Undurchdringlichkeit. Die Zentralfigur, aus dessen Perspektive der Erzähler berichtet, ist der junge Florio – dass er im Grund der hellen Tagwelt zugehören wird, sagt schon der sprechende Name, der das Blühen ausdrückt. Florio, ein Dichter, hat an den entscheidenden Wendepunkten der Handlung immer wieder ein Lied auf den Lippen, mit dem er die Stimmungen, die ihn bedrängen, artikulieren kann. Er trifft auf dem Weg nach Lucca den ihm herzlich zugetanen Sänger Fortunato und wird bald auch mit einem zwielichtigen Ritter namens Donati bekannt. Im Treiben der Stadt lernt er das schöne Mädchen Bianka (auch dieser Name – die Weiße, Reine – hat Symbolwert) kennen. Florio ist für ihren Reiz empfänglich, gerät aber, als er nach seiner Gewohnheit nachts aus der Herberge tritt, in einem geheimnisvollen Garten in den Bann einer lockenden alten Statue, die die antike Liebesgöttin Venus darstellt und für Florio plötzlich Leben anzunehmen scheint:

JOSEPH VON EICHENDORFF: *Das Marmorbild*
Florio stand wie eingewurzelt im Schauen, denn ihm kam jenes Bild wie eine lang gesuchte, nun plötzlich erkannte Geliebte vor, wie eine Wunderblume, aus der die Frühlingsdämmerung und träumerische Stille seiner frühesten Jugend heraufgewachsen. Je länger er hinsah, je mehr schien es ihm, als schlüge es die seelenvollen Augen langsam auf, als wollten sich die Lippen bewegen zum Gruße, als blühe Leben wie ein lieblicher Gesang erwärmend durch die schönen Glieder herauf. Er hielt die Augen lange geschlossen vor Blendung, Wehmut und Entzücken. –
Als er wieder aufblickte, schien auf einmal alles wie verwandelt. Der Mond sah seltsam zwischen Wolken hervor, ein stärkerer Wind kräuselte den Weiher in trübe Wellen, das Venusbild, so fürchterlich weiß und regungslos, sah ihn fast schreckhaft mit den steinernen Augenhöhlen aus der grenzenlosen Stille an. Ein nie gefühltes Grausen überfiel da den Jüngling. ▲

Florios Versuchung

Die Verlockung, so wird deutlich, setzt im sehnsüchtig bewegten Ich des Jünglings an; gleichzeitig erscheint die Belebung dessen, was in Wahrheit steinern leblos ist, eben nur als *Eindruck* des erregten Jünglings! Was ihm widerfährt, ist mehr als die typische Faszination des romantischen Menschen durch die Geheimnisse der Nacht. Es ist von Eichendorff sehr bewusst als *Versuchung* im religiösen Sinn gestaltet, Versuchung durch die heidnische Liebesgöttin. (Richard Wagner wird später im *Tannhäuser* dieses Motiv aufnehmen und das ganze erste Bild des Werks im Venusberg spielen lassen.) Durch die nicht ganz geheuren Künste des dämonischen Ritters Donati wird Florio – dessen Grauen neu gefühlter Anziehung weicht – später tief in die nächtige Sphäre der Venus geführt, und sie tritt ihm aus einem schwülen Maskentreiben in ihrem Palast entgegen, bereit zur Verführung. Unversehens gerät die Szene aber ins Stocken:

JOSEPH VON EICHENDORFF: *Das Marmorbild*
Die schöne Führerin ließ sich hier auf mehrere am Boden liegende seidene Kissen nieder. Sie warf dabei, zierlich wechselnd, ihren weiten, blütenweißen Schleier in die mannigfaltigsten Richtungen, immer schönere Formen bald enthüllend, bald lose verbergend. Florio betrachtete sie mit flammenden Augen. Da begann auf einmal draußen in dem Garten ein wunderschöner Gesang. Es war ein altes frommes Lied, das er in seiner Kindheit oft gehört und seitdem über den wechselnden Bildern der reise ganz vergessen hatte. Er wurde ganz zerstreut, denn es kam ihm zugleich vor, als wäre es Fortunatos Stimme. – Kennt ihr den Sänger? fragte er rasch die Dame. Diese schien ordentlich erschrocken und verneinte es verwirrt. Dann saß sie lange im stummen Nachsinnen da. (...)
Florio aber stand auf, sein Herz war zu voll und tief bewegt, er trat ans offene Fenster. Da rauschten die Bäume, hin und her schlug eine Nachtigall, in der Ferne blitzte es zuweilen. Über den stillen Garten weg zog immerfort der Gesang wie ein klarer kühler Strom, aus dem die alten Jugendträume herauftauchten. Die Gewalt dieser Töne hatte seine ganze Seele in tiefe Gedanken versenkt, er kam sich auf einmal hier so fremde, und wie aus sich selber verirrt vor. Selbst die letzten Worte der Dame, die er sich nicht recht zu deuten wusste, beängstigten ihn sonderbar – da sagte er leise aus tiefstem Grunde der Seele: Herr Gott, lass mich nicht verloren gehen in der Welt! Kaum aber hatte er die Worte innerlichst ausgesprochen, als sich draußen ein trüber Wind wie von dem herannahenden Gewitter erhob und ihn verwirrend anwehte. Zu gleicher Zeit bemerkte er an dem Fenstergesimse Gras und einzelne Büschel von Kräutern wie auf altem Gemäuer. Eine Schlange fuhr zischend daraus hervor und stürzte mit dem grünlichgoldenen Schweife sich ringelnd in den Abgrund hinunter. ▲

Florios Perspektive

Spätestens hier wird klar, wie wenig „objektive Realität" innerhalb der Novellenhandlung die ganzen Landschaftsbilder haben, wie sehr sie eine Funktion von Florios erregtem Gemüt sind: Als er Gott in seinem rettenden Gebet angerufen hat, erweist sich plötzlich das prunkvolle Schloss als ein brüchiges Gemäuer aus alten heidnischen Zeiten, erscheint die Schlange als Symboltier der Verführung.

Florio muss sich nun durch die zu gespenstischem Leben erwachenden „steinernen Bilder" des Schlosses hindurchkämpfen. Nach wenigen Tagen aber, als sich die Verwirrungen geklärt haben, verlässt er, alle Anfechtungen hinter sich lassend, mit der wiedergefundenen Bianka in einem triumphalen Aufbruch die Stadt:

„Der Morgen schien ihnen, in langen goldenen Strahlen über die Fläche schießend, gerad entgegen. Die Bäume standen hell angeglüht, unzählige Lerchen sangen schwirrend in der klaren Luft. Und so zogen die Glücklichen fröhlich durch die überglänzten Auen in das blühende Mailand hinunter.“

Eichendorffs Novelle *Das Marmorbild* ist ein zentrales Dokument für die christlichen Kräfte der Romantik. Die Hauptfigur Florio wird in eine symbolisch dicht gestaltete Erzählwelt versetzt, die bis in alle atmosphärischen Erscheinungen, Landschaftsbilder und gegenständlichen Requisiten Spiegelbild der gegensätzlichen Kräfte in seinem Ich ist. Diese Kräfte sind auf der einen Seite der von Jugend auf vertraute christliche Glaube, auf der anderen die gefährliche, aber auch lockende Macht der heidnischen Sinnlichkeit.
Die übrigen Figuren der Novelle entsprechen diesen gegensätzlichen Kräften: Bianka erweist sich als die reine liebende Partnerin, Venus als die heidnische Versucherin, Fortunato als der hilfreiche Begleiter, Donati als der finstere Helfer des Bösen.
Die rettende Wendung kommt durch das Gebet, aber auch durch die Kunst (Florios eigene Fähigkeit des Dichtens, Fortunatos Gesang) zustande.

9.6 Joseph von Eichendorff: *Aus dem Leben eines Taugenichts* (1826) – Wanderlust

Schon der Beginn der Erzählung, in der die Zentralfigur in der Ich-Form ihre Erlebnisse berichtet, schlägt einen behaglich-naiven, am parataktischen Satzbau des Märchens orientierten Ton an, der über alle Kapitel hinweg gleich bleibt:

„Das Rad an meines Vaters Mühle brauste und rauschte schon wieder recht lustig, der Schnee tröpfelte emsig vom Dache, die Sperlinge zwitscherten und tummelten sich dazwischen; ich saß auf der Türschwelle und wischte mir den Schlaf aus den Augen, mir war so recht wohl in dem warmen Sonnenscheine.“

Der „Taugenichts“ als Traumtänzer

Da der Vater, als Müller schon früh emsig und „die Schlafmütze schief auf dem Kopf“, die Untätigkeit des Sohnes, den er gleich als „Taugenichts“ tituliert, nicht länger duldet und ihn in die Welt hinausschickt, entspinnt sich nun das Wechselspiel von Reisen und Rasten, das die gesamte Erzählung bis zur glücklichen Heimkehr bestimmt. Verglichen mit den für die Romantik typischen Umschwüngen, wie sie sich im *Runenberg*, im *Goldnen Topf* und im *Sandmann* ereignen und die jeweilige Zentralfigur vor existenzielle Herausforderungen und Entscheidungen stellen und Konsequenzen bis hin zu Wahnsinn und Tod haben, herrscht im *Taugenichts* eine seltsame Schwerelosigkeit. Als ein wahrer Traumtänzer stellt er, mag er auch manchmal weinen oder ratlos sein, seine naive Zuversicht nie ernsthaft in Frage; der letzte Satz endet denn auch mit einem gelösten „und es war alles, alles gut!“

So sind die einzelnen Phasen des Geschehens von durchgehender Harmlosigkeit geprägt: Die Reisen führen niemals in abgründige Bedrohungen, selbst als der Taugenichts unter die Räuber fällt, stellt sich das als ein turbulentes, aber unge-

Entlastung von Problematik

fährliches Abenteuer heraus. Und die Schauplätze, zum Beispiel Rom, nehmen keine konkrete Gestalt an, sondern geistern nur als schwebend unbestimmte Staffage durch die Erzählung. Aber auch wenn sich der Taugenichts zwischendurch zum Verharren an einem Ort und zur Annahme einer mit Arbeit verbundenen Existenz entschließt, etwa als Gärtner, Zolleinnehmer oder Diener, hat das nichts vom schmerzhaften Ungenügen des Romantikers an der Welt des Nutzens. Er zieht dann eben eine Zeit lang den Schlafrock als das Kleidungsstück des Philisters an, streift ihn bald wieder ab. Der für die Romantik so grundlegende Gegensatz von bürgerlich arbeitsteiliger und Künstlerexistenz ist entschärft: Arbeit ist zwar nach kurzer Zeit lästig, aber doch ganz erträglich; das Künstlertum ist reduziert auf fröhliches Losmusizieren ohne echte Problematik. Und das in einer Welt der Versatzstücke, die für die Romantik und besonders Eichendorff charakteristisch sind – Wald und Bächlein, Stille und Rauschen, Morgenduft und Abendrot sind die Elemente, aus denen die Welt des „Taugenichts" komponiert ist.

Ähnlich frei von jeder echten Problematik bleibt ein weiteres Wechselspiel, das Eichendorff in seiner Erzählung inszeniert. Es ist das wiederholte Verlieren und Wiederfinden der „schönen Dame", die der Taugenichts gleich auf seinem Weg in die Welt kennenlernt. In diese Figur hat Eichendorff einige Anklänge an Bildschemata gelegt, die für die Gottesmutter Maria üblich sind; aber auch diese Anklänge sind nur (und das bei dem sonst so frommen Eichendorff!) mit leichter Hand hingetupft und öffnen keinen ernsthaft sakralen Bedeutungshorizont. Am Ende ist die Dame, die der Taugenichts lange für eine Gräfin hält, auch gar nicht so adelig, sondern die Tochter des Schlossportiers, ihm dafür aber herzlich zugetan, womit dem glücklichen Schluss nichts mehr im Weg steht.

Gegenentwurf zum Bildungsroman

Die deutsche Literaturtradition favorisiert eigentlich, wenn es darum geht, einen jungen Menschen auf dem Weg nach seinem Platz in der Welt zu begleiten, ein gegenläufiges Modell. Es ist in Goethes Bildungsroman *Wilhelm Meister* vorgeprägt – Suche eines irrenden, aber aus Irrtümern und falschen Wendungen lernenden, durch Desillusionierung zur Reife geführten Jünglings. Der Taugenichts hat am Ende nichts hinzugelernt, ist nicht reifer als am Anfang, unter seinen Füßen hat sich der zeitweise verworrene Weg von selbst geklärt. Weshalb hat gerade diese eigentlich *verantwortungslose* Geschichte es zu einem so exemplarischen Werk der deutschen Literatur gebracht? Es liegt offenbar an dem munteren sprachlichen Charme des lockeren Gebildes, wie er in den leicht skizzierten Landschaften und auch in den hübsch karikierten Philistergestalten immer wieder aufblitzt. Vor allem aber sind es die Gedichte, zu denen sich die lyrischen Stimmungsbilder immer wieder verdichten. Darunter ist etwa gleich im 1. Kapitel „Wem Gott will rechte Gunst erweisen/Den schickt er in die weite Welt …" als Wanderlied zu geradezu volksliedhafter Popularität gelangt.

Lied als Ausdruck der Stimmung

Und eines der schönsten Eichendorff-Gedichte kommt gleich zweimal vor, zuerst im 4. Kapitel von Guido gesungen, dann, vom Taugenichts wiedererkannt, kurz vor Schluss:

JOSEPH VON EICHENDORFF: *Aus dem Leben eines Taugenichts*

Da war ein Duften und Schimmern und Jubilieren von allen Vöglein; die Plätze und Gänge waren leer, aber die vergoldeten Wipfel neigten sich im Abendwinde vor mir, als wollten sie mich bewillkommnen, und seitwärts aus dem tiefen Grunde blitzte zuweilen die Donau zwischen den Bäumen nach mir herauf.
Auf einmal hörte ich in einiger Entfernung im Garten singen:

Schweigt der Menschen laute Lust:
Rauscht die Erde wie in Träumen
Wunderbar mit allen Bäumen,
Was dem Herzen kaum bewusst,
Alte Zeiten, linde Trauer,
Und es schweifen leise Schauer
Wetterleuchtend durch die Brust.

Die Stimme und das Lied klang mir so wunderlich, und doch wieder so altbekannt, als hätte ich's irgend einmal im Traume gehört. ▲

Zeitenthobenheit

In dem kleinen Meisterwerk dieses Gedichts wirken die symmetrische Taktstruktur mit der männlichen Anfangs-, Mittel- und Schlusszeile, der entsprechend gliedernde Reim, die weichen musikalischen Alliterationen auf *w* und *l* („laute Lust" *usw.*), der melodische Klang der Doppelvokale (*ei – au – äu*) mit ihrem ausdrucksvollen Kontrast zu dem dunklen *u* in einem dichten Beziehungs- und Klangnetz zusammen und integrieren sich zu einem differenzierten Ganzen. Die Nähe des Lyrischen zur Musik wird hier unübertreffbar deutlich! Das Gedicht klingt in der Erzählung ja auch als ein *gesungenes Lied* auf. Und dass es in einem frühen *und* im letzten Kapitel aufklingt, unterstreicht nochmals, wie sehr Zeitenthobenheit die am Ende wieder zum Beginn zurückgelenkte Handlung der Erzählung bestimmt.

Aus dem Leben eines Taugenichts, Eichendorffs berühmteste Erzählung (die Gattungsbezeichnung *Novelle* ist eher eine Verlegenheitslösung), entstand etwa 1817–20 und erschien erstmals vollständig 1826.
Sie ist der populärste Erzähltext des Autors und nimmt – als Inbegriff der *gesunden*, nicht dämonisch gefährdeten Seite der Romantik – einen festen Platz im deutschen Gemüt wie auch im Kanon der Schulen ein

10 Überwindung der Romantik – Heinrich Heine: *Buch der Lieder* (1827)

Bezug zur Romantik

Heinrich Heine verstand sich selbst, ein französisches Urteil übernehmend, als einen „romantique défroqué", einen *aus der Mönchskutte gesprungenen Romantiker*. So ist auch Heines *Buch der Lieder* keine romantische Gedichtsammlung mehr. Es ist in seiner geistigen Herkunft freilich durchtränkt vom Geist der Romantik und enthält viele Gedichte, die nach Entstehungszeit, Thematik, Motivrepertoire und Gestaltungsweise romantisch sind und in der Wahrnehmung durch das Ausland (weniger in Deutschland selbst) auch so empfunden werden. Dominant und für den Weltruhm dieser erfolgreichsten deutschen Gedichtssammlung überhaupt entscheidend geworden ist aber die Geste der höhnischen Abwendung von der romantischen Vorstellungswelt. Dieses ironisch in Frage stellende Verhältnis zu sich selbst gehört allerdings immer schon wesentlich zur Romantik. In diesem Sinn ist das *Buch der Lieder* ein eminent romantisches Buch!

Aufnahme und Erfolg

Erschienen ist das *Buch der Lieder* 1827 als Zusammenstellung der Gedichte, die Heine seit 1822 in Zeitschriften oder in eigenen Bändchen veröffentlicht hatte; nur wenige Gedichte sind neu. Das Buch wurde zunächst wenig beachtet. Erst gegen Ende der dreißiger Jahre setzt der riesige Erfolg beim bürgerlichen Lesepublikum ein; zugleich häufen sich die Vertonungen. All das steht unter – jetzt unfreiwillig – ironischen Vorzeichen: Heine lebte ja seit 1831 in Paris und war in Deutschland wegen seiner Kritik an der politischen Repression verfemt. So greift das deutsche Publikum, die Respektlosigkeiten auch der Gedichte eher überhörend oder als Randphänomen in Kauf nehmend, eben zu den vermeintlich harmlosen *poetischen* Erzeugnissen. Ebenso machen es die Komponisten, die gerade die konventionelleren Gedichte bevorzugen. Selbst Schumann in seiner *Dichterliebe*, wohl dem bedeutendsten Liederzyklus nach Heinegedichten, verfährt so.

Gliederung

Gegliedert ist das *Buch der Lieder* in die Zyklen *Junge Leiden* (mit den Unterzyklen *Traumbilder*, *Lieder*, *Romanzen*, *Sonette*), *Lyrisches Intermezzo*, *Die Heimkehr*, *Aus der Harzreise* und *Die Nordsee* (in zwei Teilen). Diese Gliederung folgt den Entstehungszeiten der einzelnen Gedichtgruppen, die von 1819 bis 1826 reichen. Dabei scheinen die Gedichte der ersten Zyklen ungebrochener „romantisch" als die später entstandenen, setzen z. B. oft bei gängigen Mustern der Schauerromantik an. Es handelt sich um ein Wahrnehmungsproblem: Genauere Lektüre zeigt, dass der romantische Liedtypus von Anfang an unterminiert und leise parodiert ist. Wesentlich ist, dass Heines Lyrik „auf eine Erwartungshaltung stieß, die durch die romantische Liedtradition geprägt war und sich Verstößen gegenüber tolerant erwies, solange diese nicht gegen die dominante äußere Form (Volksliedstrophe) und eine bestimmte konventionelle Motivik (Liebesweh, Naturgefühl) gerichtet waren" (Klaus Müller-Dyes: Literarische Gattungen, Freiburg 1978, S. 20).

Ein Beispiel für die schleichende Untergrabung einer zunächst glaubwürdigen romantischen Szenerie bietet das folgende Gedicht aus dem *Lyrischen Intermezzo*:

HEINRICH HEINE: *[Im Rhein, im schönen Strome]*
Im Rhein, im schönen Strome,
Da spiegelt sich in den Welln,
Mit seinem großen Dome,
Das große, heilge Köln.

Im Dom, da steht ein Bildnis,
Auf goldnem Leder gemalt;
In meines Lebens Wildnis.
Hat's freundlich hineingestrahlt.

Es schweben Blumen und Englein
Um unsere liebe Frau;
Die Augen, die Lippen, die Wänglein,
Die gleichen der Liebsten genau. ▲

Auflösung ins Banale

Das Gedicht folgt formal ganz der üblichen Bauweise romantischer Lyrik; es verwendet die vierzeilige Volksliedstrophe mit Kreuzreim und den Volksliedvers mit dreihebigen Jamben und unregelmäßig verteilten Senkungen. In der ersten Strophe entwirft es mit mächtigem Einsatz ein monumentales Bild des historischen Köln am altehrwürdigen Rheinstrom. In der zweiten Strophe führt sich das sprechende Ich selbst ein und zugleich ins kostbar sakrale Innere des Doms. Das dort aufgesuchte Bild der Muttergottes erhält aber, wie die dritte Strophe enthüllt, seine Anziehungskraft nicht etwa aus religiösem Antrieb, sondern nur, weil es den Sprecher an die „Liebste" erinnert! Das Banalisierende dieses Bezugs wird durch die allzu konkreten, tändelnden Diminutive („Wänglein") unterstrichen.

Heines berühmtestes Gedicht

Ist man auf die Signale des Ironisierens und der Parodie bei Heine erst aufmerksam geworden, so melden sich Zweifel auch bei Liedern, die es zu echter Volkstümlichkeit gebracht haben und als Inbegriff romantischer Poesie gelten – auch bei Heines Version der Loreley-Sage (1824), die vor allem in Friedrich Silchers berühmter, wenn auch etwas platter Vertonung von 1837 so populär geworden ist, dass sie selbst in der Nazizeit, als der Jude Heine verfemt war, mit der verlogenen Quellenangabe „Volkslied" in den Liederbüchern abgedruckt wurde:

HEINRICH HEINE: *Loreley*
Ich weiß nicht, was soll es bedeuten,
Dass ich so traurig bin;
Ein Märchen aus alten Zeiten,
Das kommt mir nicht aus dem Sinn.

Die Luft ist kühl und es dunkelt,
Und ruhig fließt der Rhein;
Der Gipfel des Berges funkelt
Im Abendsonnenschein.

Die schönste Jungfrau sitzet
Dort oben wunderbar,
Ihr goldnes Geschmeide blitzet
Sie kämmt ihr goldenes Haar.

Sie kämmt es mit goldenem Kamme,
Und singt ein Lied dabei;
Das hat eine wundersame,
Gewaltige Melodei.

Den Schiffer im kleinen Schiffe
Ergreift es mit wildem Weh;
Er schaut nicht die Felsenriffe
Er schaut nur hinauf in die Höh'.

Ich glaube, die Wellen verschlingen
Am Ende Schiffer und Kahn;
Und das hat mit ihrem Singen
Die Lorelei getan. ▲

Distanzierung von der alten Sage

Wie bei dem zuletzt betrachteten Gedicht nennt sich der lyrische Sprecher in der ersten und letzten Strophe, die beide mit „Ich" beginnen. Die zweite und die zweitletzte Strophe sind dem Schiffer und dem Fluss vorbehalten. Ein doppelter Rahmen liegt also um die mittleren Strophen, die die männermordende Sagengestalt präsentieren. Dies geschieht mit archaisierenden sprachlichen Untertönen; das dreimal gesetzte Adjektiv „golden", das gleichfalls dreimalige „kämmen" bzw. „Kamm"; die altertümliche Lautform „Melodei". Der doppelte Rahmen und der sprachliche Abstand deuten auf Distanzierung eines modernen Ich von der alten Sage. So reduziert das „Ich glaube" der letzten Strophe die Pointe der Sage zur ungewissen Vermutung und ihre Bezeichnung als „Märchen aus alten Zeiten" lässt einen Ton der Geringschätzung mitschwingen. Es geht weniger um die alte Mär als um deren Spiegelung in im Bewusstsein eines modernen Ich, das wohl von ihr angerührt ist, sie aber nicht mehr recht für bare Münze nehmen kann.

Heinrich Heines *Buch der Lieder* verwendet subtile oder auch manchmal gröbere Ironisierungen in verschwenderischer Fülle. So stellt es sich für viele heutige Leser von Gedichten als – bei aller geistreichen und witzigen Virtuosität – manchmal nicht nur leichtfüßige, sondern auch etwas ermüdende Sammlung von vorhersehbaren Kabinettstückchen nach immer nur leicht variiertem Modell dar.
Der spätere Heine allerdings fand zu neuen Wegen. Sie reichen von bedeutender politischer Lyrik – etwa dem Glanzstück *Die Weber* aus den *Zeitgedichten* (1839–1846) – bis zu einem sehr individuellen, in unsentimentaler Weise glaubwürdigen Leidenston und den leicht hingetupften Fantasiespielen (etwa *Die Launen der Verliebten*) in den *Letzten Gedichten* aus der Zeit seiner tödlichen Erkrankung.

11 Rezeption und Fortwirken der Romantik

Trivialisierung der Romantik

Man muss sorgfältig unterscheiden zwischen der authentischen Romantik und ihrem Zerrbild in der kommerzialisierten und trivialisierten Populärkultur. Bilder der verschwommenen Gefühligkeit werden immer wieder mit dem Etikett Romantik versehen, wobei Unkenntnis und Missbrauch Pate stehen. Solche Trivialisierung hat ihren Ursprung aber schon früh. Von Wilhelm Müller (1794–1827), von den Zeitgenossen als großer romantischer Lyriker geschätzt, heute fast nur noch durch Schuberts Liedvertonungen bekannt, gibt es das berühmte Gedicht vom Lindenbaum:

WILHELM MÜLLER: *Der Lindenbaum*

Am Brunnen vor dem Thore
Da steht ein Lindenbaum:
Ich träumt' in seinem Schatten
So manchen süßen Traum.

Ich schnitt in seine Rinde
So manches liebe Wort;
Es zog in Freud' und Leide
Zu ihm mich immer fort.

Ich musst' auch heute wandern
Vorbei in tiefer Nacht,
Da hab' ich noch im Dunkel
Die Augen zugemacht.

Und seine Zweige rauschten,
Als riefen sie mir zu:
Komm her zu mir, Geselle,
Hier findst du deine Ruh'!

Die kalten Winde bliesen
Mir grad' in's Angesicht;
Der Hut flog mir vom Kopfe,
Ich wendete mich nicht.

Nun bin ich manche Stunde
Entfernt von jenem Ort,
Und immer hör' ich's rauschen:
Du fändest Ruhe dort! ▲

Nun ist die Linde *der* romantische Baum überhaupt und wird als Staffage in unzähligen Gedichten des 19. Jahrhunderts bemüht. Das vorliegende Gedicht ist Musikkennern durch Schuberts Vertonung in der „Winterreise“ bekannt; populär und zum Repertoirestück aller Gesangvereine geworden ist es allerdings in Friedrich

Silchers gemütlich trivialer Fassung. Sie deckt die abgründige Pointe des Gedichts einfach zu. Nach den ersten beiden Strophen konventioneller Liebesklage – der Umschwung wird von Schubert musikalisch suggestiv markiert, von Silcher ignoriert – flieht das Ich des Gedichts nämlich vor der Lösung, die der Baum ihm anbietet. „Hier findst du deine Ruh'!“ ist ja die Aufforderung, sich aufzuhängen! Kaum jemand von Silchers Sängern oder Hörern nimmt das wahr. – Also Entschärfung der romantischen Abgründe durch Einhüllen in klebrige Sentimentalität.

Romantik und modernes Lebensgefühl

Worin liegen nun die fortwirkenden Einflüsse der *echten* Romantik auf unser modernes Lebensgefühl? Sie liegen beispielsweise in der Entdeckung der *unbewussten Tiefenschichten* des menschlichen Ich, die später von Sigmund Freud und anderen Forschern weitergetrieben worden ist; in der Prägung des *modernen Naturgefühls*, das sich vom Reiz des Wilden, Unberührten und Unwegsamen ansprechen lässt; in einer dauerhaft *integrativen Sicht der verschiedenen Künste* bis hin zum Gesamtkunstwerk, die zumindest bis ins beginnende 20. Jahrhundert auf das Schaffen vieler Künstler nachhaltig eingewirkt hat; jedoch auch in der *geistigen Grundlegung von Institutionen*, etwa des Museums, das vom romantischen Interesse am Vergangenen mitgeschaffen wurde, und der Universität, in die romantisches wie klassisches Denken eingegangen ist.

Kritik an romantischer „Willkür“

Grundsätzliche Kritik an den romantischen Ich-Spielen kam schon früh von dem dänischen Religionsphilosophen Sören Kierkegaard (1813–1855). Dass sie das Grundproblem der Romantik trifft, lässt sich nicht bestreiten:

„Das gesamte Dasein wird nun zu einem bloßen Spiel für die dichtende Willkür, die da nichts verschmäht, auch das Unbedeutendste nicht, für die aber auch nichts besteht, auch das Bedeutendste nicht. (…) die Menschen empfinden das Dasein als eine Sache ohne Bedeutung, nichts wird zu allem und alles zu nichts, alles ist möglich, sogar das Unmögliche, alles reimt sich, sogar das Ungereimte. (…) Das ist mit der Romantik das Unglück, sie greift nicht die Wirklichkeit. Die Poesie erwacht, die großen Sehnsüchte, die heimlichen Ahnungen, die begeisternden Empfindungen erwachen, die Natur erwacht, die verzauberte Prinzess erwacht – der Romantiker fällt in Schlummer. (…) Aber deshalb kann diese Art der Dichtung auch nicht in ein in Wahrheit poetisches Verhältnis zum Leser treten, eben weil der Dichter selbst nicht in ein echtes poetisches Verhältnis zu seiner Dichtung tritt. Der poetische Standpunkt, auf welchen der Dichter sich gestellt hat, ist die poetische Willkür; der Gesamteindruck, den eine solche Dichtung hinterlässt, ist eine Leere, in welcher nichts zurückgeblieben ist.“ (Über den Begriff der Ironie, 1841)

Bis heute ist die Romantik nicht historisch geworden in dem Sinn, dass ihre Einordnung und Bewertung als geklärt gelten kann; sie ist vielmehr seit fast zwei Jahrhunderten eine höchst umstrittene und sehr verschieden, ja gegensätzlich gedeutete Bewegung geblieben – was ihrem Selbstverständnis durchaus entspricht! Mächtige und fortwirkende Einflüsse auf das künstlerische Schaffen des 19. und 20. Jahrhunderts und auf das Bewusstsein noch und gerade des modernen Menschen sind aber jedenfalls von ihr ausgegangen.

12 Porträts romantischer Künstler

Die Reihe der bedeutenden romantischen Künstler ist so reich, dass im Rahmen eines Überblicks hier nur exemplarisch die Lebensläufe von sechs der bedeutendsten Romantiker verzeichnet werden können:

NOVALIS
* 2.5.1772 in Oberwiederstedt
† 25.3.1801 in Weißenfels

Novalis (eigentlich: Friedrich von Hardenberg; Dichtername nach einem mittelalterlichen Seitenzweig der Familie) wurde am 2. Mai 1772 auf dem thüringischen Familiengut Oberwiederstedt geboren und wuchs in einer pietistisch geprägten Familie auf. Seine Berufswahl war ihm vom Vater als Direktor der sächsischen Salinen vorgegeben: Nach dem Besuch des Gymnasiums in Eisleben studierte Novalis Rechtswissenschaften in Jena und Leipzig und hörte Vorlesungen zur Philosophie, Mathematik und Geschichte (u. a. bei Friedrich Schiller, den er auch persönlich kennenlernte). ● 1793 wechselte Novalis an die Universität Wittenberg und legte das juristische Examen ab, wurde dann 1796 als kursächsischer Salinenbeamter in Weißenfels angestellt. Davor lag 1795 die inoffizielle Verlobung mit der gerade dreizehnjährigen Sophie von Kühn, deren Tod an Schwindsucht nur zwei Jahre später Novalis tief erschütterte und Anlass zur Abfassung der todessüchtigen *Hymnen an die Nacht* war. Die aphoristischen *Blüthenstaub*-Fragmente erschienen im ersten Heft des *Athenäum* der Brüder Schlegel. Novalis begann die Arbeit an dem Hauptwerk *Heinrich von Ofterdingen*, das unvollendet blieb. Am 25. März 1801 starb Novalis in Weißenfels im Alter von 29 Jahren an der Schwindsucht. ● Sein Vater, dem Novalis' Schaffen fremd geblieben war, soll später in einem Gottesdienst nach dem Verfasser eines Kirchenlieds, das ihn bewegt hatte, gefragt und die Antwort erhalten haben: „Ihr Sohn." Viele von Novalis' bedeutendsten Werken erschienen erst postum (*Schriften*, 1802 hg. von Tieck und Fr. Schlegel).

CLEMENS BRENTANO
* 8.9.1778 in Ehrenbreitstein
† 28.7.1842 in Aschaffenburg

Clemens Brentano, geboren am 8. September 1778 in Ehrenbreitstein bei Koblenz, war Sohn eines italienischen Kaufmanns und der Jugendfreundin Goethes, Maximiliane von La Roche, die starb, als der Sohn fünfzehn Jahre alt war. Seine Jugendjahre verbrachte Brentano in Frankfurt und Koblenz. Brentanos Neigung zum Dichterleben kollidierte mit Erwartungen der Familie nach Aufnahme eines Brotberufs. 1794 trat er ins Geschäft des Vaters ein, verließ es jedoch drei Jahre später, um ein Studium (Berg- und Kameralwissenschaften, Philosophie, Medizin) in Halle und Jena zu beginnen. Später erhielt er jährliche Zahlungen aus dem väterlichen Erbe. • Brentano schloss Bekanntschaft mit Goethe, Fichte, Tieck, den Brüdern Schlegel und Sophie Mereau, seiner späteren Frau, außerdem entstand sein „verwilderter" Roman *Godwi*. 1801 lernte er in Göttingen Ludwig Achim von Arnim kennen, mit dem er enge Freundschaft schloss und der später Brentanos Schwester Bettina heiratete. Auf der gemeinsamen Rheinreise 1802 entstand die Idee einer Sammlung von Volksliedern, die in Heidelberg ausgearbeitet wurde und 1806–08 erschien: *Des Knaben Wunderhorn*. • Es folgten schwere Jahre: 1806 starb Brentanos Frau im Kindbett; eine kurze, unglückliche Ehe mit Auguste Bussmann schloss sich an. Unter diesen Eindrücken begann eine Wendung zum katholischen Glauben („Generalbeichte" am 27. Februar 1817, Verurteilung der bisherigen „weltlichen" Dichtungen). 1819–1824 zeichnete Brentano in Dülmen die Visionen einer stigmatisierten Nonne auf, aus denen 1833 das Buch *Die bitteren Leiden unseres Herren Jesu Christi* entstand, die zu Lebzeiten erfolgreichste Veröffentlichung Brentanos. Es fügte sich ein unstetes Leben zunächst in Frankfurt, dann ab 1833 in München an, in dem Brentano durch die Liebe zur Malerin Emilie Linder noch einmal zur „alten" Lyrikproduktion zurückfand. Am 28. Juli 1842 starb Clemens Brentano in Aschaffenburg.

ERNST THEODOR AMADEUS HOFFMANN
* 24.1.1776
in Königsberg
† 25.6.1822
in Berlin

Ernst Theodor Amadeus (statt Wilhelm, aus Verehrung für Mozart) Hoffmann wurde am 24. Januar 1776 in Königsberg geboren. Nach der Scheidung seiner Eltern lebte er bei Verwandten seiner Mutter und studierte von 1792–1795 Rechtswissenschaften. Eine Anstellung im preußischen Staatsdienst führte ihn 1800 nach Posen. • 1802 wurde er nach Plock in Polen strafversetzt, weil er sich in Karikaturen über Vorgesetzte lustig gemacht hatte. Dort heiratete er die Polin Maria Thekla Michalina Rorer und ging nach Warschau, bis er 1804 durch den Einmarsch der Franzosen sein Amt verlor. • Dies stellte den letzten Anstoß dar, eine bereits lange gewünschten Existenz als freier Künstler aufzunehmen. So arbeitete Hoffmann, universal künstlerisch begabt, als Komponist, Zeichner und Literat in Berlin; es folgten Kapellmeisteranstellungen in Bamberg, Leipzig und Dresden. In die Bamberger Zeit (1808–1812) fällt die exaltierte Liebe zu seiner fünfzehnjährigen Gesangsschülerin Julia Marc, deren schwärmerisches Bild in viele Werke Hoffmanns einging. In dieser Zeit entstanden auch seine ersten bedeutenden Werke: 1812–1814 die Oper *Undine* nach Fouqués Erzählung; 1814 der erste Band der *Fantasiestücke in Callot's Manier*. • Finanzielle Not zwang Hoffmann 1816, wieder ein Richteramt am angesehenen Kammergericht in Berlin anzunehmen, wo er durch seine mutige und „rechtsstaatliche" Haltung bei den sogenannten „Demagogenprozessen" auffiel. Parallel zu seiner Arbeit als Beamter entstanden weitere bedeutende Werke, u. a. die Erzählsammlungen *Nachtstücke* (1817) und *Die Serapions-Brüder* (1819–1821), der Roman *Lebensansichten des Katers Murr* (1820–1822). Hoffmanns reizvolles musikalisches Werk (Kammermusik, Symphonien, geistliche Chormusik, Singspiele) ist bis heute nur Kennern bekannt. E. T. A. Hoffmann starb, während seine Stellung am Kammergericht wegen einer beißenden Satire gegen einen repressiv vorgehenden Polizeidirektor (*Meister Floh*, zensurierter Erstdruck 1822) bedroht war, nach zunehmendem körperlichen Verfall und am 25. Juni 1822.

JOSEPH FREIHERR VON EICHENDORFF
*10.3.1788
in Ratibor
† 28.11.1857
in Neisse

Joseph Freiherr von Eichendorff wurde am 10. März 1788 auf Schloss Lubowitz bei Ratibor in Oberschlesien geboren und erfuhr eine aristokratisch-katholische Erziehung, die ihn ebenso prägte wie die Sehnsucht nach der behüteten Jugend im Schloss, das nach den Napoleonischen Kriegen und Spekulationen des Vaters aufgegeben werden musste. 1801 ging Eichendorff nach Breslau (1804 Gymnasialabschluss). ● In Halle, Heidelberg und Wien schloss sich ein Studium der Rechtswissenschaften und Philosophie an. In dieser Zeit hatte er erste Kontakte mit romantischer Dichtung (Novalis) sowie persönliche Begegnungen mit Görres, Brentano, von Arnim und Friedrich Schlegel. ● 1813 meldete sich Eichendorff zu den Befreiungskriegen gegen Napoleon, wurde jedoch im Juni 1814 wieder entlassen. Es folgten die Heirat und der erste Roman *Ahnung und Gegenwart* (1815). 1816 trat Eichendorff in den preußischen Staatsdienst ein, der ihn nach Breslau, Danzig, Königsberg und Berlin führte. Parallel dazu erschienen seine bekanntesten Werke, die die romantische Thematik des abenteuerlichen Umherschweifens entfalten: *Aus dem Leben eines Taugenichts*, *Das Marmorbild* (beide 1826), *Gedichte* (1837). ● Bei kaum einem anderen Dichter scheinen Werk und Lebenswirklichkeit so weit auseinanderzuklaffen, bleibt Eichendorff doch bis 1844 ein gewissenhafter und geschätzter Beamter mit äußerlich ereignisloser Lebensführung. Im Alter schrieb Eichendorff nur noch wenige poetische Werke. Stattdessen verfasste er katholisch geprägte literaturhistorische Darstellungen, u. a. die *Geschichte der poetischen Literatur Deutschlands* (1857). Am 28. November 1857 starb Eichendorff in Neisse (heute polnisch: Nysa).

ROBERT SCHUMANN
*8.3.1810
in Zwickau
† 29.7.1856
in Endenich bei Bonn

Robert Schumann, am 8. März 1810 in Zwickau geboren, war schon in seiner Schulzeit literarisch und musikalisch aktiv. Er studierte Jura in Leipzig und Heidelberg. ● Früh unter Depressionen leidend, ließ er sich von dem berühmten Musiker Friedrich Wieck als Pianist ausbilden, trat dann als Komponist und Musikliterat und -kritiker (1834 Gründer der *Neuen Zeitschrift für Musik*) hervor. Er verliebte sich in Wiecks Tochter Clara, die ihn und die rasch wachsende Familie später als berühmte Pianistin erhalten musste; die Heirat wurde 1840 gegen den feindseligen Vater gerichtlich durchgesetzt. ● Schumann komponierte teils zu Zyklen zusammengefasste Lieder, die wie seine Klavier-, Kammer- und Chormusik und seine Sinfonien zu den bedeutendsten romantischen Schöpfungen gehören. Seine kunstliterarischen Äußerungen brachte Schumann in dialogische Form, auf die beiden Figuren Florestan und Eusebius verteilt, die einer seiner Novellen entstammen. • Nach Konzertreisen, auf die er seine Frau begleitete, und der Übersiedlung nach Dresden nahm Schumann 1850 eine Kapellmeisterstelle in Düsseldorf an, verfiel aber gesundheitlich und psychisch zusehends. Nach einem Selbstmordversuch lebte Schumann ab 1854 bis zu seinem Tod am 29. Juli 1856 in einer Heilanstalt in Endenich bei Bonn.

CASPAR DAVID FRIEDRICH
* 5.9.1774
in Greifswald
† 7.5.1840
in Dresden

Caspar David Friedrich wurde am 5. September 1774 in Greifswald als Sohn eines Seifensieders geboren. • Nach dem Studium an der Kopenhagener Kunstakademie kam er 1798 nach Dresden. Er lernte die Brüder Schlegel und weitere Romantiker kennen und unternahm Reisen nach Rügen, in die böhmischen Bergwälder und in den Harz, aus deren Eindrücken seine stimmungsvolle, später aus dem inneren Erleben gestaltete Landschaftsmalerei lebt. In ihr fand Friedrich gültige Mittel zum Ausdruck der romantischen Ahnung des Unendlichen. • Er lernte 1810 Goethe kennen, dessen klassizistische Kunstauffassungen aber einem Verständnis im Weg standen. Seit 1820 führte Friedrich ein gemeinsames Atelier mit dem romantischen Maler J.C. Clausen Dahl; an der Dresdener Kunstakademie blieb er zeitlebens nur als wenig beachteter außerordentlicher Professor ohne feste Bestallung. Sein Werk schuf er zurückgezogen und ohne äußere Anerkennung. • Den Lebensabend bis zu seinem Tod am 7. Mai 1840 verbrachte er, nach einem Schlaganfall nicht mehr zum Malen in der Lage, in materieller Not.

Die Lebensläufe vieler romantischer Künstler zeigen charakteristische Gemeinsamkeiten. Oft sind sie geprägt vom unsteten Wechsel zwischen einem bürgerlichen Beruf auf der einen und der freien künstlerischen Existenz auf der anderen Seite. Das kann sich (wie bei Eichendorff) als spannungsvolles Nebeneinander vollziehen, aber auch (wie bei Hoffmann) in Form mehrfachen sprunghaften Überwechselns zwischen den Lebensformen. Deutlich wird in vielen Fällen auch die Nähe zur Exzentrik und manchmal sogar zum Wahnsinn, zu denen das Aushalten solcher Spannungen und des ungeheuren romantischen Kunstanspruchs führen kann.

13 Checkliste Romantik: Grundkenntnisse im Überblick

13.1 Leitvorstellungen

Romantische Literatur versteht sich nach ihrer grundlegenden Bestimmung durch Friedrich Schlegel (116. Athenäumsfragment) als *„progressive Universalpoesie"*, die

- die ganze Welt poetisiert und alle Kunst- und Lebensbereiche umfasst,
- immer im Werden und niemals vollendbar ist,
- keinerlei Regeln über der „Willkür des Dichters" anerkennt,
- die getrennten Kunstbereiche und Gattungen vereinigt,
- den Leser als Vollender des Kunstwerks sieht.

Häufig vorkommende Schlüsselbegriffe sind

- die „blaue Blume" als Symbol der romantischen Sehnsucht (erstmals: Novalis *Heinrich von Ofterdingen*, 1. Kapitel),
- die „goldene Zeit" als geläufiges Bild für eine heile Vergangenheit,
- die „Waldeinsamkeit" (Wortprägung von Ludwig Tieck in *Der blonde Eckbert*),
- das „Zauberwort", mit dem die verdorbene Welt geheilt wird (exemplarisch: Eichendorffs *Wünschelrute*).

13.2 Themen und Motive

Bevorzugter Themenbereich der Romantik ist das *Mittelalter*, in dem die Romantiker – unter dem Eindruck der Entzauberung der Welt durch die Aufklärung – das Idealbild einer ganzheitlichen, „heilen" und poetischen Lebensform sehen.

Soweit nicht dieser historisierende Ausweg aus der flachen Gegenwartswelt gewählt wird, sind immer wiederkehrende Motive der Romantik

- der *Künstler*, der als „poetisches Gemüt" die menschlichen Möglichkeiten und Gefährdungen in sich austrägt (exemplarisch: der Goldschmied Cardillac in Hoffmanns *Das Fräulein von Scudéry*),
- die *Sehnsucht nach der Ferne*, die sich in der Form des *Wanderns* und *Reisens* zeigt und dem Unvermögen des Romantikers entspricht, sich in der vor ihm liegenden vertrauten Welt einzurichten,
- das *Unterirdische* und *Abgründige*, von dem große Faszination, aber auch ein gefährlicher Sog ausgeht (exemplarisch: Hoffmanns *Die Bergwerke zu Falun*),
- die *Nacht* als Inbegriff des Geheimnisvollen, das sich dem festlegenden Tageslicht entzieht (exemplarisch: Novalis' *Hymnen an die Nacht*, Klingemanns *Nachtwachen. Von Bonaventura*, Wagners *Tristan und Isolde*),
- *Träume* und *Visionen*, in denen sich die von der Selbstkontrolle des Ichs nicht wahrgenommenen oder zugelassenen Regungen ausdrücken (exemplarisch: Achim von Arnim *Die Majoratsherren*),
- *Wahnsinn* als letzte Steigerung der Distanz des Romantikers zur Alltagswelt (exemplarisch: Hoffmanns Figur des Kapellmeisters Johannes Kreisler).

13.3 Bedeutende Werke

Alle in dem Heft besprochenen Texte sind Hauptwerke der Romantik. Das Schaffen der Romantiker ist aber reich an weiteren Schlüsselwerken:

- *Märchen:*
  Das Märchen ist wegen seiner Verwischung der Grenzen zwischen den Weltbereichen eine zentrale Gattung der Romantik, deren Kunstmärchen besonderen Rang haben. Dazu gehören trotz ihres Titels Ludwig Tiecks *Volksmärchen* (1797) und viele Märchen E.T.A. Hoffmanns, etwa *Meister Floh* (1822), *Nussknacker und Mausekönig* (1816) und *Das fremde Kind* (1817). Wilhelm Hauffs Märchenzyklen wie *Die Karawane* und *Das Wirtshaus im Spessart* (1826–1828) sind bis heute populär. Die sprachspielerischen Märchen Clemens Brentanos sind in den *Rheinmärchen* (1846) und den *Italienischen Märchen* (1846 f.) zusammengefasst.

- *Erzählungen:*
  Wunderbar geht es auch in romantischen Erzählungen zu. Dämonische Wesen greifen nach dem Menschen in Friedrich de la Motte-Fouqués *Undine* (1811), Adalbert von Chamissos *Peter Schlemihls wundersame Geschichte* (1814), Achim von Arnims *Isabella von Ägypten* (1812) und seinem grotesken Meisterwerk *Die Majoratsherren* (1820). Ludwig Tieck entwickelt in *Der Aufruhr in den Cevennen* (1826) eine historisierende Spielart, kehrt dann in *Das alte Buch* (1834) zu romantischen Mythen zurück.

- *Romane:*
  Mit Tiecks *Franz Sternbalds Wanderungen* (1798) entstand der erste große romantische Künstlerroman. Friedrich Schlegel schrieb in der skandalträchtigen *Lucinde* (1799) eine romantische Liebeskonzeption nieder. Anonym erschienen 1804 Ernst August Klingemanns dämonische *Nachtwachen. Von Bonaventura*; Schauerromantik führte E.T.A. Hoffmann mit *Die Elixiere des Teufels* (1815 f.) weiter. Joseph von Eichendorff legte mit *Ahnung und Gegenwart* (1815) einen Künstler- und Entwicklungsroman vor, Achim von Arnim in *Die Kronenwächter* (1817; unvollendet) ein verklärtes, aber auch skurilles Bild des späten Mittelalters.

- *Lyrik:*
  Das Kirchenlied erhielt Impulse durch Novalis' *Geistliche Lieder* (1802); patriotische Gedichte des jung gefallenen Theodor Körner (*Leyer und Schwerdt*) erschienen postum 1814. Populär wurden Uhlands *Gedichte* (1815) und Wilhelm Müllers *Lieder der Griechen* (1821–1824). Adalberts von Chamissos *Gedichte* erschienen 1831, Clemens Brentanos *Romanzen von Rosenkranz* vollständig erst 1912.

- *Bühnenwerke:*
  Die eher schmale dramatische Produktion der Romantik weist vor allem spielerisch-ironische Komödien wie Ludwig Tiecks *Der gestiefelte Kater* (1797) und *Die verkehrte Welt* (1797) sowie Clemens Brentanos *Ponce de Leon* (1804) auf, aber auch Schicksalstragödien wie Zacharias Werners *Der vierundzwanzigste Februar* (1805).

Textquellen:
6 August Wilhelm Schlegel: Vorlesungen ... Stuttgart 1964, Teil II, S. 111f. – **8** Novalis: Werke und Briefe. München 1962, S. 295. – **9** Novalis: a.a.O., S. 465ff. – **10** E.T.A. Hoffmann: Sämtliche Werke – Tagebücher – Briefe. München und Leipzig 1924, Bd. XI, S. 367. – **20f.** August Wilhelm Schlegel (2 Zitate). In: Karl Konrad Polheim (Hg.): Der Poesiebegriff der deutschen Romantik. Paderborn 1972, S. 80f., 109 – **21** Novalis (2 Zitate), a.a.O., S. 503, 499 – **22** F.W.J. Schelling: Schellings Werke. Oldenburg 1927ff., Bd. V, S. 5. – **23** Novalis, a.a.O., S. 409. – **23f.** Ludwig Tieck: Der blonde Eckbert – Der Runenberg. Stuttgart 1952, S. 23. – **24** August Wilhelm Schlegel. In: Polheim, a.a.O., S. 78. – **25** Clemens Brentano: Werke. München 1963, Bd. II, S. 351. – **25** E.T.A. Hoffmann, a.a.O., Bd. II, S. 57. – **26f.** Novalis, a.a.O., S. 296ff. – **27/28** Clemens Brentano (2 Zitate), a.a.O., Bd. I, S. 108, 611. – **29** Joseph Freiherr von Eichendorff: Neue Gesamtausgabe der Werke und Schriften. Stuttgart 1957, Bd. I, S. 306. – **30** Heinrich Heine: Heinrich Heines sämtliche Werke. Leipzig o.J., Bd. III, S. 194–197. – **30f.** Des Knaben Wunderhorn (Hg. H. Rölleke). Frankfurt/M. und Leipzig 2003, S. 71f., 215, 443f. – **34** Grimm (Urfassung): Kinder- und Hausmärchen der Brüder Grimm. Vollständige Ausgabe in der Urfassung. Wiesbaden o.J., S. 61; (Spätere Fassung): Kinder- und Hausmärchen. Gesammelt durch die Brüder Grimm. Zürich o.J., Bd. I, S. 383f. – **35** Novalis, a.a.O., S. 144. – **36** Novalis (Tiecks Bericht), a.a.O. (= Novalis!), S. 302; Novalis (zum Schluss), a.a.O., S. 312. – **36f.** Novalis (6. Kapitel), a.a.O., S. 233f. – **37–40** Ludwig Tieck, a.a.O., S. 25, 26f. 29f., 32f., 34, 44. – **41** H. Steffens. In: H. Castein (Hg.): Erläuterungen und Dokumente/Ludwig Tieck: Der blonde Eckbert – Der Runenberg. Stuttgart 1987, S. 20. – **41–45** E.T.A. Hoffmann (5 Zitate), a.a.O., Bd. II, S. 241, 263f., 238f., 323f., 329. – **43** Grimm, a.a.O. (Urfassung), S. 65 – **46f.** E.T.A. Hoffmann (2 Zitate), a.a.O., Bd. IX, S. 41, 48f. – **48ff.** Joseph Freiherr von Eichendorff (3 Zitate): Sämtliche Erzählungen. Stuttgart 1990, S. 37f., 60f., 70. – **50ff.** Joseph Freiherr von ichendorff (2 Zitate), a.a.O., S. 85, 175f. – **53** Klaus-Müller-Dyes: Literarische Gattungen. Freiburg 1978, S. 20. – **54ff.** Heinrich Heine (2 Lieder), a.a.O., Bd. I, S. 95, 116f. – **56** Wilhelm Müller: Der Lindenbaum. In: Epochen der deutschen Lyrik. München 1970, Bd. VII, S. 278. – **57** Sören Kierkegaard: Über den Begriff der Ironie. Köln 1961, S. 308f.

Bildquellen:
S. 16.1: Caspar David Friedrich: Stadt bei Mondaufgang; AKG, Berlin.
S. 16.2: Caspar David Friedrich: Kreidefelsen auf Rügen (1818–1819); AKG, Berlin.
S. 17.1: Karl Friedrich Schinkel: Felsentor (1818); AKG, Berlin.
S. 17.2: Carl Gustav Carus: Blick auf Dresden von der Brühl'schen Terrasse (um 1830–1831); Museum Georg Schäfer, Schweinfurt.
S. 58.1: Eduard Eichens: Novalis (1845); Archiv der Universität Wien, Wien.
S. 58.2: Ludwig Emil Grimm: Clemens Brentano. Radierung nach einer Zeichnung (1837); AKG Berlin.
S. 59: Ludwig Buchhorn: E.T.A. Hoffmann (1823); AKG Berlin.
S. 60.1: Franz Kugler: Joseph von Eichendorff (1832); BBPK, Berlin.
S. 60.2: Adolph von Menzel: Robert Schumann. Zeichnung nach einer Daguerrotypie von 1850; AKG, Berlin.
S. 61: Gerhard von Kügelgen: Caspar David Friedrich; Hamburger Kunsthalle, Hamburg/The Bridgeman Art Library, London.